U0526674

班主任如何说话
学生才愿意听

钟杰 著

长江出版传媒 长江文艺出版社

图书在版编目（CIP）数据

班主任如何说话，学生才愿意听 / 钟杰著. -- 武汉：
长江文艺出版社，2023.8
　（大教育书系）
　ISBN 978-7-5702-3051-8

Ⅰ.①班… Ⅱ.①钟… Ⅲ.①班主任工作 Ⅳ.
①G451.6

中国国家版本馆CIP数据核字(2023)第071883号

班主任如何说话，学生才愿意听
BANZHUREN RUHE SHUOHUA, XUESHENG CAI YUANYI TING

| 责任编辑：李婉莹　施柳柳 | 责任校对：毛季慧 |
| 封面设计：天行健设计 | 责任印制：邱　莉　杨　帆 |

出版： 长江出版传媒　长江文艺出版社
地址：武汉市雄楚大街268号　　邮编：430070
发行：长江文艺出版社
http://www.cjlap.com
印刷：武汉市首壹印务有限公司

开本：710毫米×970毫米　1/16　　印张：12.75
版次：2023年8月第1版　　　2023年8月第1次印刷
字数：193千字

定价：45.00元

版权所有，盗版必究（举报电话：027—87679308　87679310）
（图书出现印装问题，本社负责调换）

自序：班主任，一定要成为会说话的人 / 001

001 第一辑 建立关系怎么说

一 班主任与学生聊天的 10 个小妙招 / 003

二 班主任与青春期男生说话的技巧 / 007

三 班主任与青春期女生说话的技巧 / 020

四 开学第一天，班主任怎么把话说到学生心窝里？/ 035

043 第二辑 常规管理怎么说

一 学生犯错，班主任怎样批评才不会导致学生反感？/ 045

二 学生逃避劳动任务，班主任怎么说才会让学生积极主动？/ 049

三 学生总是迟到，班主任怎么说才既不得罪学生又有效果？/ 053

四 教室里凌乱不堪，班主任怎么说才能让学生保持整洁？/ 057

五 学生损坏教室公物，班主任怎么说才能避免事情再次发生？/ 061

六 学生抗拒学校的要求，班主任怎么说才能让学生愿意遵守？/ 065

069 第三辑　日常相处怎么说（上）

一　学生对班主任有误会，班主任怎么说才能消除误会？／071

二　学生不尊重甚至辱骂班主任，班主任怎么说才能化解尴尬？／075

三　学生挑衅班主任，班主任怎么说才能不失身份？／081

四　学生骂了老师，但老师有错在先，班主任建议如何善后？／085

五　学生不喜欢与老师打招呼，班主任怎么说才会让学生变主动？／089

六　学生置身父母矛盾之中，班主任如何劝解？／092

七　两个学生打架，班主任怎么说才能让学生学会应对人际矛盾？／096

101 第四辑　日常相处怎么说（下）

一　学生被同学恶意取了绰号，班主任如何劝慰？／103

二　部分女学生喜欢嚼舌根，班主任怎么说才能阻止？／107

三　学生在网络上谩骂他人，班主任怎么说才能消除不良影响？／112

四　学生之间喜欢互相抱怨，班主任怎么说才能引导学生积极面对？／117

五　学生之间闹矛盾，班主任如何劝解？／122

六　男孩子喜欢在公开场合谈论性话题，班主任怎么引导？／126

七　学生恋爱了，班主任怎么说才不会适得其反？／130

135 第五辑　课堂管理怎么说

一　自习课上学生特别吵，班主任怎么说才能让学生快速安静下来？／137

二　学生不愿意开口读书，班主任怎么说才能让学生愿意张口？／141

三　学生在课堂上捣乱，班主任怎么说才能让学生停止？／144

四　学生在课堂上走神，班主任怎么说才能拉回学生的思绪？／148

五 学生总是在课堂上睡觉，班主任怎么说才能有针对性地解决问题？ / 152

六 学生喜欢在课堂上接下茬，班主任怎么说才能让学生不对抗？ / 157

161 第六辑 事关学习怎么说

一 学生抄作业，班主任怎么说才能对症下药？ / 163

二 班主任如何给班上的中等生打鸡血？ / 167

三 班主任如何鼓励学困生不放弃学习？ / 173

四 期末考试前，班主任如何激励学生努力复习？ / 177

五 班主任如何运用同理心安慰考前焦虑的孩子？ / 182

六 学生考试前后，班主任怎么说话才能有的放矢？ / 186

后记 / 190

自序

班主任，一定要成为会说话的人

我从入职之初就开始做班主任，一直做到现在，依然眼里有光，心中有爱，手上有活，脚下有力。不少一线班主任都问过我：你难道不累吗？不忙吗？不烦吗？平心而论，我很累，但我不心累；我也很忙，但我不心慌；我偶尔也会生气，但我不心烦。为什么呢？因为我与学生的感情是双向奔赴的：我热爱我的学生，我的学生也热爱我，并且乐意配合我。这样一来，我的教育成本就很低，教育效果则很明显，我就特别有成就感和价值感。而这一切，源于我与学生建立了非常健康和谐的师生关系。

著名教育专家沈祖芸老师说，师生关系已经成为全球公认的影响学生学业成就的最敏感指标之一。作为一名与学生打了 30 多年交道的一线班主任，我非常认同沈祖芸老师的说法。师生关系健康和谐，教育将事半功倍；师生关系一旦恶化，教育则无用，甚至还起副作用。建立健康和谐的师生关系的目标，主要通过真诚、得体、走心、专业的沟通来达成。那么，班主任该如何与学生沟通，学生才愿意听呢？

为此，我特意写了一本书，书名就是《班主任如何说话，学生才愿意听》，目的就是手把手教一线班主任与学生说话，把话说到学生的心窝里，从而建立健康和谐的师生关系，让学生快乐安全地在学校学习，也让班主任幸福诗意地栖居在校园里；更是让教育事半功倍。此书一共分为六辑，每一辑都有一个说话的聚焦点，有案例，有策略，班主任们只需照着这些策略刻意训练，就能变成一个特别会说话的人。

第一辑：建立关系时，班主任该怎么说话？很多班主任在建班之初，采用强势入轨的策略，不管三七二十一，三把火先烧起来，企图用强硬的手段快速收服学生。20多年前的学生或许吃这一套，现在的学生对这套把戏厌烦至极。我在建班之初，则把发力点聚焦在与学生建立关系上。怎样才能与学生快速地建立健康和谐的关系呢？本书第一辑就给班主任支了三个大招：首先，班主任要掌握一些聊天策略，把自己变成聊天达人，通过聊天获得学生群体的各种信息，以及他们的生命诉求；其次，班主任要尊重性别差异，懂得学生的情绪表达，能根据男女学生的表达特点做出得体的回应；最后，要抓住开学第一天，利用首因效应，把话说到学生的心窝里，让学生对班主任的喜爱之情油然而生。班主任好好说话，才能与学生建立健康和谐的师生关系，才有利于后续工作的开展。

第二辑：常规管理时，班主任该怎么说话？我在一线做了30多年班主任，深知班主任岗位琐事繁多，加上学生调皮爱惹事，班主任很容易生气。班主任一生气就很容易本能表达，随意给学生下判断、贴标签等，致使学生生出叛逆之心，甚至还对着干，常规管理就会变成班主任对学生的控制、打压，于教育本身有害无利。班主任只有把自己变成一个会说话的人，才能把常规管理做得风生水起。那么怎样才能说出让学生配合的话呢？读完第二辑里的六篇文章，将里面的说话招数加以刻意训练，你就能成功俘获学生的心。

第三辑和第四辑：班主任与学生日常相处时，该怎么说话？除了课堂上的学习活动，学生在学校里还有许多丰富多彩的日常活动，他们在日常活动中也会惹出许多令班主任炸毛的事情来。这个时候，多数班主任会带着情绪，对学生的行为进行否定，对他们的人品进行评价。这样的说话方式当然很容易造成师生之间的矛盾，于教育和教学都极为不利。那么，有没有一些入情入理，让学生心服口服的说话方式呢？当然有！我在第三辑和第四辑里，就呈现了许多温和、有理、入心的说话策略，这些策略会让学生毫无抵抗之力地把班主任的话听进心里，从而生出改正的念头并行动。

第五辑：课堂管理时，班主任该怎么说话？课堂是教学和德育的主阵地，一旦失守，全盘皆输，因此，班主任必须牢牢守住。关键是，学生是未成年人，是学习者，不是上前线打仗的士兵，班主任不能像指挥官那样严厉呵斥和惩罚。班主任是教育者，要尊重学生的成长规律，要呵护学生的心理，要让学生在一个安全的课堂上进行学习。这就需要班主任正确、得体、有温度、有策略地说话。比如学生在课堂上走神影响了听课质量，多数班主任的应对方式是，直接点名走神的学生，甚至还要对其走神行为进行讽刺：你是梦到周公了吗？你是变成蝴蝶了吗？你是捡到金元宝了吗？你是中亿万彩票了吗？这些话不能说一点作用都没有，因为此话一出，学生跑路的心神肯定被拉了回来，但学生心里就会生出一棵怪刺来，待这棵刺长大，要么刺自己，要么刺别人。我的应对方式则是，朝着走神学生的方向，用食指一勾，沉声一喝：回来！走神的学生闻言一震，元神立马回到肉身，注意力就集中到了学习内容上。我对此不做任何评价，继续上课。简单有效，又不伤人。

第六辑：事关学习时，班主任该怎么说话？网上有句形容母子关系的话——不说学习母慈子孝，一说学习鸡飞狗跳。这句话用来形容师生关系也很恰当：不说学习，师生关系一片祥和；一说学习，师生关系战火纷飞。但是，学生来到学校的主业就是搞学习。这一关，不论是老师，还是学生，都逃不掉。班主任作为班级的建设者和领导者，必须要坚定地表达对学习的重视态度，得体地对学生的学习行为进行评价，从而激发学生对学习的热情。我在这一辑里，针对学困生、中等生、抄袭者以及学生的考试心理等提炼了不少有效的说话策略。班主任只要掌握了这些表达策略，与学生谈学习时，就不会招致学生的反感。

亲爱的班主任们，教育有法，法无定法。我这本关于班主任如何说话的小书，能给你们不少启发，也能给你们很多一学就会，一会就有效的话术。不过，我们必须要承认，招数可学，人心易变。如果我们不把"人"读透，不把教育的逻辑捋顺，不怀着一颗真挚的教育心，不形成正确的学生观，再多的招数也解决不了手头的问题。

最后祝愿每位热爱教育工作的一线班主任都能成为说话达人，能与学生形成双向奔赴的师生关系，做一名智慧乐观，有成就感和价值感的班主任！

是为序。

2023 年 4 月于深圳

第一辑
建立关系怎么说

一、班主任与学生聊天的10个小妙招

教育学，其实就是一门关系学。没有关系，做什么事情都有关系；有了关系，一切都没关系。这就说明，教师若想取得好的教育效果，就要与学生建立良好的师生关系。而建立良好师生关系的切入点，就是聊天。

班主任若不会与学生聊天，师生关系的建立将颇费周折。反之，班主任若是聊天高手，师生关系就会快速建立，并且黏合度非常高。在此，我想与大家分享几个聊天小妙招。

1. 态度要真诚

不要轻易向学生询问敏感话题，比如你爸妈是不是在闹离婚？你爸每月挣多少钱？更不要像查户口一样对学生的各种隐私刨根究底，而是要让学生感到轻松愉快，有一种被关注和尊重的感觉。

2. 从学生感兴趣的话题入手

班主任抛出的话题让学生感兴趣，就能打开他们的话匣子。比如班上有学生特别喜欢玩某款游戏，班主任就要事先深入了解这款游戏，然后再投其所好与学生聊游戏；有学生特别热爱音乐，平生最大的心愿就是考进星海学院，在国外办一场钢琴演奏会，那就跟该学生聊冼星海这个人，聊如何考进星海学院，和该学生一起畅想在国外开演奏会的美妙场景；有学生特别喜欢追星，那就去了解该明星的相关信息，再把该明星正面的、闪光的表现拿出来与学生交流，保证学生能敞开心扉，与老师无话不谈。

3. 问小不问大

班主任主动与学生闲谈时，最好从细节入手，切忌大而空。比如："咦，你的中指前端怎么有硬茧？"这样一问，学生就来兴趣了，恨不得调动所有矫情元素向班主任撒娇："还不是作业写太多了，磨出干茧了呗！老师，我好可怜哦。"但如果班主任开口就问："你爱国吗？你有远大理想吗？你愿意为人民服务吗？"这些大而空的话题一出口，学生就被吓晕了，要么敷衍塞责乱说几句应付老师；要么闭口不谈，抿嘴不笑，傻乎乎地望着老师；要么嗯嗯啊啊，咿咿呀呀，一脸的不耐烦。

4. 不否定，只同理

在学生向班主任讲述他的苦恼时，不管学生怎么说，班主任都不要试图去否定他，然后把自认为正确的道理灌输给他们。此时，班主任讲的内容就算是放诸四海皆准的真理，学生也听不进去。正确的做法是，学生说什么就是什么，班主任站在学生的立场上感同身受。有一个女孩对我说，班上有个男生到处说她长得丑，今后肯定找不到男朋友。我就回答说："你被男生这样评价，心情特别不好吧？是不是想去找那个男生质问：'我长得丑又怎么样？没吃你家饭，没穿你家衣，你管得着吗？'"我话一说完，女孩顿时满脸笑意，说："老师，我就是这么想的，你太懂我了！"我又顺势说了一句："要不要我去当侠女，帮你讨回公道？"女孩笑着直摆手："老师，算了，算了，我根本就不在意了，他爱说就说呗。"

5. 多倾听，少说教

学生愿意跟班主任说话，就说明他们对班主任没有戒心，愿意与班主任交心。这个时候班主任就要捧着他们的话匣子，认真听，千万不要听着听着就去给学生讲道理，那样他们的话匣子马上就关闭了。我的学生很喜欢在课间与我说话，主要原因还是我喜欢听他们说话。他们说话时，我不打断，也不评价，更不说教。他们说，我听，我点头，我满脸笑容，偶尔还应和，他们就越说越起劲。

6. 肢体要倾向说话人

学生同我说话时,我从来都不会转过身去,那会让学生觉得我不重视他所说的话。我的做法是,身体前倾,做出侧耳细听状。当学生说得不够清楚时,我还会温馨提醒他:"你可以说慢一点,声音再洪亮一点,我就听得特别清楚,能及时做出准确的回应。"这样的做法不仅能让学生感到安全和被尊重,还能使他们不由自主地向老师敞开心扉。同时,这种做法也给学生做了示范教育,让学生学到了正确的聊天方式,这对他们未来的人生是大有裨益的。

7. 开放式发问

有些班主任在与学生聊天时,一开口就会问学生:"你觉得你做对了吗?""你的作业完成了吗?""你是想成为一个好人呢,还是想成为一个坏人?""你是喜欢那个同学呢,还是恨那个同学?"你这样问,让学生怎么来与你聊天呢?班主任抛出一个是非问,学生只能回答是或者不是;班主任抛出一个选择问,学生也只能选择其中一种来回答。他没有办法对班主任说的内容进行扩展,也没有办法自由发散,他的表达欲就被封印在这种封闭式问题中了。因此班主任在与学生聊天时,要规避发是非问和选择问,最好采用开放式发问,比如:"你对今天所犯的事怎么看?你希望老师怎么处罚你?""你对你的后半学期有什么打算?""听说你和××的人际关系出了点问题,你是怎么想的?"

这样开放地发问,学生想说多就说多,想说少就说少。话语权掌握在自己手上,他在说话的时候就有掌控感,同时也有分寸感。最主要的是,学生会对这样说话的班主任有好感。

8. 话题大众化,规避太过深奥和小众的问题

班主任在与学生说话时,一定要蹲下身子走进学生的话语系统里,用学生能听得懂的话去跟他们交谈。太深奥和小众的话题,都尽量回避。有些娱乐大众的话题,不必回避,学生愿意说,那就跟他们说。学生再厉害,他们说的也只是一些肤浅的内容,而班主任却能看到肤浅背后的深奥。班主任的深刻,能对学生起到潜移默化的引领作用,既能好好聊天,又能领引领学生,一箭双雕,

何乐而不为呢？

9. 一问二答

学生在向班主任发问时，班主任要使用一问二答的方式让聊天继续。比如学生问班主任："如果明天下雨，我们还要举行升旗仪式吗？"班主任当然不能直接回答要或者不要，而是要这样回答："按照以往的惯例，下雨天确实不用举行升旗仪式，但我们可以在教室里自己搞一个升旗仪式。毕竟把生活变得有仪式感，人生才更有意义。毕淑敏女士就说过，如果觉得人生没有意义，那就给自己的人生加一个意义！有意义的人生，才会走得更稳、更远！"

班主任做出了这样的回答后，要顺势告诉学生："今后与别人交谈时，对方若向你提出了问题，你就可以采用一问二答的方式把话题拓宽。这样就不会冷场，就会让对方感到愉悦，自己也能从这种良好的关系中获得一些不可预知的好处。"

10. 认真倾听，进行扩展

学生把话说完后，班主任不要急着去浓缩和总结，而是要抓住关键词，扩展出一堆新信息。比如学生说："我今天的数学考得不好，我很颓丧。"班主任此时就可以抓住一些关键词语来扩展："'数学考得不好'，是什么原因导致数学没考好呢？是考试时间不够，还是题量太大、难度太高？抑或是上课的时候听得不够仔细，作业完成得不够认真？或者是没有听懂班主任的课？你可以从多个方面去找没考好的原因。'颓丧'，你觉得颓丧有哪些表现呢？身体上有什么表现？心理上有什么表现？你能说给我听听吗？你除了觉得自己很颓丧，还看见谁在颓丧？你以前有颓丧过吗？"你只要不急着去浓缩和总结，就能扩展出一大段内容，而且每个内容都跟学生息息相关，学生都能做出回答，如此聊天就绝不会停滞，师生就不会陷入一种尴尬的境地。

聊天是一门技术活，这需要班主任在实践当中去摸索，去刻意训练。班主任只要做到眼里有事，心中有人，言之有物，就一定能与学生聊得热火朝天！

二、班主任与青春期男生说话的技巧

青春期的男生不好应付,这几乎是成年人的共识。我与青春期学生打了30来年的交道,给我工作带来困扰的,大多也是男孩子。不过这些困扰都在可控范围内,并且只要我稍加指点,男生就能及时醒悟并改正。

我的男学生之所以能接受我的指点,不是因为我碰到的男生个个都是"天使在跳舞,魔鬼在睡觉",而是因为我懂得男生的心理,能用他们喜欢的沟通方式与他们说话,不会轻易唤醒沉睡在他们心中的"魔鬼"。那么,我在日常的教育教学中,是如何与青春期男生说话的呢?

1. 先讲故事,后讲感受

男生多半不善于讲故事,但他们很喜欢听老师讲故事,尤其讨厌老师讲道理。鉴于男生的听觉喜好,在男生犯错之后,我首先不评价,其次不生气,然后不诉苦,最后不威胁,而是定定神,调整心态,云淡风轻地讲两个故事:一个是我自己的故事,一个是我以前学生的故事。

讲故事的模板

1. 你……的事情,我也有类似的经历,我给你讲讲。

2. 我有个学生也有过类似的经历，我给你说说。

讲故事的案例

"你在教室里开口骂人的事情，我也有类似的经历，我给你讲讲。我读初中时，沉迷于金庸的武侠小说不能自拔，整天就幻想自己当侠女除暴安良，打抱不平，尤其想要当黄蓉那样的侠女。于是我整天拿着一根棍子，美其名曰'打狗棍'，还说要打尽天下汉奸走狗。我模仿江湖豪侠们说话的口气，开口就是老子、龟儿子、狗日的……你们可以脑补一下我当时的形象：一个面黄肌瘦的女孩，手上拿着一根棍子，说话粗俗不堪，还自封侠女，自鸣得意。那是什么形象？那是泼妇骂街的形象！那是无知蠢货的形象！那是充满着低级趣味的形象！那是，唉，简直是不堪回首的形象！"

男生听到这里，笑得前仰后翻，他们说，做梦都想不到老师当初是这副形象，太丑了！

"是啊，那是一段非常令人尴尬的回忆。但我非常庆幸，因为我后来意识到自己错了，彻底改正了。想当侠女没错，但满口粗言秽语就大错特错了。还是做个知性、优雅的女性比较符合我的人设。

"我有个男学生也有过类似的经历，我给你说说。我那个学生长得很帅，成绩也特别优秀，但是嘴巴不饶人，总是爱骂人。平时小打小闹的，大家也都不跟他计较。

"在某个上午的课间时分，一个男生指着教室门口的女生喊道：'肥婆，你过来。'女生听后非常生气，旋风一般冲到男生身边，挥舞着双手向男生拍去，一边拍一边生气地斥责道：'我惹你了吗？就你嘴臭！'男生一边捂着头，一边嬉皮笑脸地答道：'你本来就肥啊，你要再打，我就叫你孙二娘。'女生一听，更加气不打一处来，'啪啦'一声，把男生课桌上的书全给摔地上了。

"事后男生很委屈，找我主持公道。他说：'女生打了我也就算了，毕竟她是女生，又是假打，我又不痛，肯定得让着她，但她把我的书摔在地上，我就很生气了。还有，班上同学都说我不对，说我是始作俑者，咎由自取。'

"我笑着对那个男生说：'如果你当时把肥婆换成女神，她还会冲过来打你吗？如果你不说孙二娘，她会摔你的书吗？同学们说你是'始作俑者'并没有错，你确实是个始作俑者。你在女生情绪特别愤怒的情况下，不仅没有化解这股怒火，还火上浇油，导致事态升级。"

我爆料的是自己的糗事，讲述的是其他学生的故事，没有对当事学生做一星半点的评价，当事学生自然能听懂我的意思。事实上，不论是我在教的男学生，还是我没教的男学生，见我用这种方法跟他们说话，都没有拒绝我。这样做不仅拉近了师生关系，非常愉快地解决了问题，还没有留下任何后遗症。

2. 少说多听，点到为止

很多青春期男生在家里与妈妈发生冲突，基本上都是因为男生做错一件事，妈妈就有几百句话等着他们。他们在学校与班主任对抗，也是因为班主任说个不停。班主任与学生说话的正确打开方式是少说多听，点到为止。老师们一定要明白，青春期男生特别不喜欢婆婆妈妈的班主任，他们想要的是能理解他们，能与他们说到一块，能带他们飞的班主任。

每天早晨我去教室上早读时，都会给学生几分钟时间，让他们相互说话。尤其是男生，一定要主动地、得体地与周边的同学愉快地交谈。一个喜欢表达，并能得体表达的男生，今后进入职场，沟通能力和领导力都会比较强，升职空间也会比较大。

他们说话时，我一般不发表意见，而是笑吟吟地听着学生叽叽喳喳发表他们的言论。我为何不急着发表意见呢？因为学生说的话，很难用对错来判断，即便现在听起来是对的，若干年后说不定就是错的；现在可能是惊世骇俗的观点，若干年后可能就是很平常的说法。我的态度就是，只要你不伤害别人，不口出狂言，不满口脏话，怎么说都可以。

于是男生问我，可不可以谈论游戏？我说可以，只要你不陷入游戏出不来，怎么都好说。可不可以谈论 B 站的 UP 主？我说可以，不仅可以谈，你也可以做个 UP 主，只要不沉迷其间耽误学习，就好说。

由于我广开言路，男生也就谈兴甚浓，什么都说。我就拿个耳朵听着，听多了，我对男生就特别了解，越是了解，我就越知道怎么跟他们打交道。尽管我已经是个特别资深的班主任，并且还是个女班主任，可我的学生一点都不嫌我老，他们还觉得我特别新潮，思想非常前卫，连他们都自愧不如。

聊天时间结束，我就会做个暂停的手势，意思是让他们每个人都得体地闭上自己的小嘴。待孩子们都安静下来，我非常郑重地说道："请清空你的大脑，把刚才的聊天话题全部清除掉，聚焦到我们的早读内容上，脑子里只有早读的内容，把其他一切都排除在外！"

早读的内容，我已经在学生聊天的时间里清晰明白地写在黑板上了，或者头天晚上我就已布置了出来。

学生于是开始按要求早读，我则在整个教室里进行巡视。遇到没有进入状态的，我用手拍拍其肩膀，简单说一句话：赶紧进入状态！特别是遇到没进入状态的男生，我就只说一个词：聚焦！

男生在课堂上说闲话，我一般就说一个字：停！男生之间嬉戏过度，身体有越界行为，我就说一个词：住手！男生若是犯了错误，一般是被要求陈述自己所犯的事实，我就认真倾听，听的时候不发表意见，而是用"嗯""哦""明白了""是吗"等词语助推学生把事情说清楚、说完整。

男生把整个事情说完，我也就清楚是非对错了。我就会问："这件事你准备怎么善后呢？"学生就会接着我的问题说出善后的举措。有了善后举措之后，我还会问一句："你今后怎么规避类似的问题呢？告诉我至少三个具体的方法。"

学生把方法也告诉我了，这件事情就该结束了。我还需要做一个总结陈述："你是个聪明人，类似的错误犯一次就够了。我想要的，不是你不犯错误，而是你能经一堑长一智。有些错，能纠正，也能涂抹，但有些错，一旦犯了，就是永远的过错，无论你怎么涂抹，错误都在那里摆着。因此，说话、做事之前都要用脑思考三分钟，不可盲目冲动，好吗？"

话说到这里，就该结束了，学生的错事也该翻篇了。如此，于学生的颜面、师生的感情丝毫无损。这就是点到为止的说话方式。

3. 婉转地开门见山

大多数男生不喜欢班主任说话拐弯抹角，转角太多，他们听着费力，但也不喜欢班主任直言不讳，太过直白，那样他们听着也难堪。怎么办呢？让人左右为难呀。办法还是有的，那就是婉转地开门见山。

婉转地开门见山的案例 1

一学业领先的男生最近很喜欢与周边的女生闲聊，聊得忘乎所以，听课的专注度下降了很多，听课效果打了折扣，考试成绩也不理想。如果再不提醒他收敛自己，只怕他要沉浸在男女生闲聊的愉悦之中，忘记自己重任在身了。

于是我找到他，开门见山地问道："请问初心还在不在？"我这里所谓的"初心"，是指他的中考目标。这个目标既是他自己定下的，也是我评估过他的学习品质以及学习能力之后认可的，属于师生之间的双向奔赴。

他坚定地回答我："初心不变！"

我继续开门见山地说道："但我发现你最近上课专注度很差，注意力都转移到别处去了，这样下去，你的初心不保。"

男孩有些羞涩，说："最近有些心不在焉，我马上调整。"

我拍拍男孩的肩膀，仍然开门见山地说道："如果你的实力与你追求的目标不匹配，我也不会介意你心不在焉，但你的智力和能力确实可以让你走到更高的平台，看到更美的风景，遇到更好的人！你若是栽在这'心不在焉'上，你就是一个大傻子，不值得我投资！"

男孩秒懂我的意思，向我保证一定认真听课，绝不会再"心不在焉"

了。我笑笑，说："明白你的心理，我也青春过，你心里那点小情愫我还是懂的。只是能力越大，责任越大，你还有重任要完成，加油！"

这是一个头脑聪明、心思很正、能量很强的男孩，一点就通，一通就亮，我这样婉转地开门见山，效果就非常明显。

还有一些男孩，领悟能力很一般，我如果开门见山，他倒是很容易明白；我如果婉转地说，他就很难搞清楚了。我这里所说的"婉转"就是指不对学生的人品做判断，不一味否定他，但要明确地告诉他哪里错了、为什么错了、怎么改正。

婉转地开门见山的案例 2

有一次，我组织孩子们给一个实习老师开欢送会，结果某男生就在下面嘀咕——开追悼会。旁边的男生特别气愤，向我投诉，说这个男生的说法严重伤害了实习老师和同学们的感情。这个男生马上为自己辩解："我说得很小声，实习老师没听到。"

这个男生就属于情商比较低，说话不经大脑的"傻孩子"，如果我不开门见山点醒他，他都不知道自己错在哪儿。

于是我严肃地开门见山："不管声音大小，是否产生负面影响，你在这个场合说这句话，都是错误的！首先，这是一个欢送会，你说的那句话与这个场合不符！其次，实习老师无偿为班级付出两个多月的时间和精力，对我们有恩，你说这句话的意思与这个场景不相符！最后，即便是对着陌生人，在这种依依惜别的场合，也不应该说出这句话！你这句话从感情上来说，确实很伤人！"

说实话，我第一时间听到有男生在欢送会上说出这样的话时，心里还是蛮生气的，但我克制了我的情绪，心平气和地开门见山指出了男生说话的不当之处。当然，我最后也婉转地说了一句："若是你在外面说这样的话，估摸着人家都要揍你一顿了。"言下之意就是，他这样的言行十分令人反感，很容易给自己带来麻烦。

4. 请求学生帮助胜过命令

为什么我不喜欢命令男生去做某事呢？因为人都不喜欢被命令和控制，更不喜欢被别人呼来喝去，尤其是青春期的男生。但是，学生在学校里学习，不被班主任安排，怎么可能呢？班主任当然需要安排学生做这做那，学生被安排之后，也不好推辞，但我们可以用一种男生特别喜欢的方式与他们交往，让男生心甘情愿地做事情，做得皆大欢喜。

请求男生帮助的案例1

比如扫地，这原本是学生自己的任务，但有个别男生的主动性就是很差，需要他人反复督促才会懒洋洋地动手。我一般不会这样说："你自己的事情自己做！你还不赶紧去完成你的任务！"我一般这样说："来吧，我们大家都来扫地。××，你帮我去拿扫帚；××，你帮我去拿铲子；××，你来帮我把这里的垃圾给处理掉。"其实任务都是这些男孩的，只是他们很被动，不知道自己该怎么做。我跳出去做个指挥者，并且要求这些男孩帮助我，他们一下子就找到了自己的任务，并且还认为是在帮老师的忙，心里很有成就感，手头的活于是很快就干完了。当然，我在请求男生帮我的同时，也会指导组长如何给自己的组员安排任务，培养组长的领导力。

请求男生帮助的案例2

比如写作业这个事，完全就是学生自个儿的事。从情绪表达来讲，学生不写作业确实不关老师的事，但若从教育良心来讲，与老师关联甚大。在写作业这个事上，男生比女生更容易逃避。

我所执教的学科的作业，很少有男生逃避，即便完成质量不高，数量也能得到保证。我从来没有威胁过男生："你若不写作业，我留你写到天明！""你若没写作业，中午饭就别吃了！""你若没写作业，明天你就在家里反省！"我只是经常对男生说："你若不写作业，教学处检查我的教学工作，我就过不了关，这会被定性为教学事故，所以，请你帮助我在教学处那里顺利过关。"当然，大多数男生写作业都是为了提升自己的学习效果，是属于自己内在的需求，但他们听着我请他们帮忙的话感觉很舒服。在保证提升自己的学业成绩的情况下，又帮了老师的忙，何乐而不为呢？还有少部分男生写作业纯粹就是为了表演，为了逃避惩罚，在他们的认知水平还没提高到"写作业是自己的事"时，由老师请求他们帮忙，一定好过强迫他们去写不想写的作业。

请求男生帮助的案例3

比如学校举行合唱比赛，这个项目不是男生喜欢的，他们往往不愿意配合，会把文娱委员气得半死。这个时候，我会告诉所有男生："我知道你们好烦，每次唱的都是很幼稚的歌，唱起来很尴尬。"男生听我这么一说，就有一种被理解的感觉，立即附和我道："就是，好幼稚，不喜欢，唱不好，好尴尬。"我就笑着说："你们就权当帮我好了，我需要这个比赛结果啊。我欠你们这个人情，我会用另外一种方式还给你们的。我好面子，好胜心也很重，比赛结果太难看了，我怎么见人啊？"

男生们尽管不喜欢唱，但为了帮我，也得硬着头皮唱。为了成全我的面子，拿到好看的比赛结果，他们还得非常认真地练习。其实我哪里需要什么好看的结果，我不过就是想孩子们都能参与集体活动，让他们在集体活动中获得一些成长，仅此而已。只要能达到目的，我换一种说话方式又有何不可呢？

5. 先谈玩乐，再谈学习

不管哪个年龄段的男孩，玩心都比女孩更重。青春期的男孩，不仅贪玩，还叛逆。如果班主任整日里与男孩说学习的重要性，他们就特别厌烦。内向叛逆的男孩，选择"左耳进，右耳出"，班主任说得再有道理，他们都会充耳不闻。外向配合的男孩，班主任说什么他都点头称是，乖乖应允，嘴上说得好听，但从来不会去落实。胆大叛逆的男孩，班主任一说学习，他们就一脸不满，怼道："天天都说这个，烦不烦啊？"

班主任对学生的好，日月可鉴，但学生就是不领情，真是不识好歹！可他们偏偏就处在"不识好歹"的阶段。对于这种"不识好歹"的男孩，班主任该怎么跟他们谈学习呢？

首先与他们谈玩乐！问学生：想不想玩？去哪里玩？怎么玩？最近都在玩什么？或者问学生：最近在听什么音乐？玩什么游戏？看什么电影？读什么小说？与哪些小伙伴在玩？可否带着老师一起玩？班主任问了男生这些话题之后，就笑吟吟地听男生表述，千万不要对男生的说法进行否定，而应该点头表达情绪和态度上的支持："嗯，不错，应该很好玩。""可以呀，你真会玩啊！""玩得好开心啊，把我也带上呗。"

只要班主任不对男生的玩法进行否定，男生就很乐意与班主任分享他们的各种玩法。分享完毕，班主任就可以顺势说一句："为了可以更好地玩，咱们先把学习任务完成，如何？"或者直接跟学生说："只要把学习任务完成了，我们就可以放心大胆地玩了！"

总之，班主任要向学生传递这些意思：你们可以玩！我很支持大家玩！会玩的人才会学！你们开心我也很开心！为了玩得开心和放心，我们一定要把手头的事情做好！

6. 制定明确的目标

很多时候，我都会听到班主任在对学生进行空洞的说教，比如，你要加油、要努力、要认真。怎么加油？加油之后效果如何？如何努力？努力之后没有效果怎么办？怎么认真？我认真，而我的同桌不认真还影响我怎么办？你看，当班主任向学生念咒语时，学生除了头疼之外，什么都没得到。对女生念一遍这种咒语，也许有一些效果，毕竟女生是听觉动物，善于对语言进行解析和加工，从而找到具体的行动策略。但如果对男生念一遍咒语的话，除了增加男生的反感之外，很难取得教育的效果，因为男生的语言领悟力不及女生，很难从空洞的话语里获得具体的行动指南。

因此，班主任在与男生聊学习时，不仅要回避空洞的说教，还要给男生制定明确的目标。比如早读课上，不能简单地对男生说一句：认真早读啊！这句话一出来，多数女孩都知道怎么认真早读，大多数男孩却摸不着头脑。班主任就要明确地告诉男孩："请你翻到课本第××页，背诵10个英语单词，并正确默写。翻到语文课本第××页，背诵两首古诗，并准确无误地默写出来。"

考试之前，不少班主任都会对学生说："努力哦，争取考好一些哈。"这句话说出来之后，女生会做全面分析，会悄悄地给自己制定一个清晰的目标，少数男生也知道自己该怎么做，但多数男生该怎么玩，还是怎么玩，压根就不清楚自己该怎么去努力，究竟要考多少分才算好。

这个时候，班主任就要给这些男生制定明确的目标：（1）每节课都要认真听课，不讲与课堂无关的话，不玩与课堂无关的游戏；（2）每天的家庭作业必须按学科老师的要求完成；（3）各科考试成绩具体要达到多少分，总分大致在多少分。目标可量化，可执行，男生就知道如何操作了，老师说出来的话才有效果。

7. 照顾男孩的小情绪

不要以为女孩才有激烈的情绪释放，男孩在情绪爆发时也一样很可怕。比如某个课间，几个男孩在教室里嬉戏，其中一个男孩的手触碰到女生的身体了。女生很生气，冲到办公室找班主任告状。班主任一听，这还了得，立即到教室找男生兴师问罪。男生听到老师的质疑立即就火了："你觉得我的行为是要流氓，那你去告我啊！"

班主任一听很生气，吼道："你的手都伸到女生身上去了，不是要流氓是什么？我告你怎么啦？我就要告你！"

男生一听更来气了:"你去告啊,你要是不去告你就不是人!"此时老师的情绪已经被男生顶了起来,上下不得,左右为难,下的台阶都找不到一个。

老师很失态,学生很失格,但最终,还是老师来为这场闹剧埋单。这事不论去哪里论理,别人都只会说,老师在理不在道!一个成年人,首先应该管住自己的情绪,并且还要学会照顾学生的小情绪。

班主任特别要学会一招,当男孩的情绪气囊炸裂了,千万别死揪问题的本质咄咄逼问,而应该关切地问一句:"你怎么啦?"问完之后再跟着说一句,"那你先消化一下你的情绪,我在一边休息会儿。"班主任把话说完之后,就赶紧撤退,等到男孩的情绪稳定了,再出面与之交谈,把事情的起因、经过、结果搞清楚,最后进行公正公平的处理,这样男孩的情绪就会被引流到平稳的情感渠道里。

8. 掌握万能沟通模式

有些班主任觉得短时间内很难熟练掌握沟通的技巧,但又要天天与男生沟通,为规避沟通失误,是否可以提供一套上手特别快的沟通模板呢?下面我就为大家提供一套万能沟通模式,只要你牢记了这个模式,就可以把所有的沟通话题都套用进去,屡试不爽。

万能沟通模式的模板

> 当你……的时候,我感到……因为……所以……

我用一个"男生打架"的事例来诠释这个沟通模板:

> 当你与班上同学A打架的时候,我感到颜面尽失,左右为难,内心特别纠结。因为,你们都是我的学生,手心手背都是肉,谁的身心受到了伤害,我的心情都很糟糕。再说了,我在学校好歹也是德高望重的班主任,带出来的学生竟然还内讧,搞窝里斗,在别人看来,我徒有虚名。所以,

我希望你们今后遇到类似的问题时，先冷静下来扪心自问：这是个什么问题？有必要相互斗殴吗？斗殴之后会给班级和老师带来哪些负面影响？凡事都自问这三个问题，这个架就打不起来。

我这样与肇事的男生说话，他们有再大的气也生不出来了。我自己也不用生气了，教育成本相当低，教育效果还会超过预期。这个万能模板好记好学好操作，大家赶紧用起来吧。

最后，我还要提醒班主任们，与男孩说话时，一定要注意以下四点：

第一，切忌在女孩面前扫男生的面子。

青春期的男孩，已经开始在意女生对自己的看法与评价了，也很维护自己在女生面前的形象。因此，有女生在场时，班主任一定要给男生面子，万不可当着所有女生的面，把男生的脸面给撕得稀碎，那样他们会很生气的。

第二，切忌一味否定男孩的行为。

青春期的男孩不接受反面教育，也听不懂班主任说的那些反语，因此，班主任在与男生说话时，不要阴阳怪气，也不要轻易否定他们。比如，"你总是不写作业""你经常不认真听课""你的体育成绩太烂了"，这样说话很容易激发学生的叛逆之心。很多班主任深感无奈：这些男生本身就存在这些问题啊，我若不告知学生，岂不失职？这些问题不是不能说，只是要这样说："你要把各科作业都写完""你上课要提高专注度""你的体育成绩还需要加强"。

第三，切忌在男生面前啰里啰唆。

男孩子特别不喜欢班主任像唐僧一样天天对着他们念紧箍咒。他们喜欢言简意赅、一语中的的班主任。但有时他们又确实不长耳朵，班主任明明已经把话说清楚了，他们就是充耳不闻。这个时候，班主任可以这样强调："重要的事情说三遍，听好！三遍！周二下午第八节下课，全班同学立即去阶梯会议室！周二下午第八节下课，全班同学立即去阶梯会议室！周二下午第八节下课，全班同学立即去阶梯会议室！"班主任把话说完之后，一直到周二下午第八节下课都要闭嘴。待到周二下午第八节下课，班主任去教室看学生是否都按指令行事。如果有个别男生没有接收到这个指令，你就是拧着他的耳朵质问他，他也不敢心生不满。

第四，切忌当着男生反复吹嘘自己过往的成绩。

人家都说"好汉不提当年勇"，班主任总是当着男生的面吹嘘自己以前多么厉害，很容易遭到男生的抵制。男孩骨子里就有很强的竞争意识，他们宁愿自己的班主任向他们示弱，也不喜欢班主任当着他们的面吹嘘自己曾经多么厉害。因为在他们的认知里，班主任越是吹嘘自己当初多么厉害，就越是在指责现在的他们太差劲。

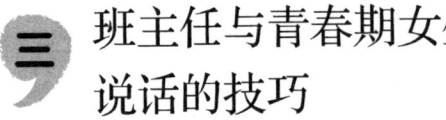

班主任与青春期女生说话的技巧

通常情况下，女性在与他人交往时，喜欢使用建立联系的语言，更注重亲密性，更擅长情感式沟通，因此，班主任在与女生进行沟通时，要尽量表达对女生的关心和认可。班主任既要讲述自己的感受，同时也要照顾女生的感受。这就需要班主任在与女生说话时，把情感放在首位，而不是把规则、道理等放在首位。

1. 打出情真意切的感情牌

班主任作为学科老师如何向女生打出感情牌？

▶ **真诚地告诉女生，老师需要全班女生的支持**。这个支持包括情感的支持，学业上的支持，课堂配合度的支持。这是老师打出的一副示弱感情牌。女生的同理心比较强，能够在情感上理解老师的难处，并与老师产生共情，也就更容易满足老师的需求。

▶ **真诚地告诉女生，老师一个人的力量是有限的，为了把全班同学的成绩提上去，女生不仅自己要努力，还要团结男生一起努力**。这是老师打出的一副求助感情牌。学生进入青春期后，女生的身体、心智、读写能力等发育都比男生早两到三年。同龄阶段，女生比男生更成熟懂事，对男生具有一定的影响力。只要女生愿意带着男生飞，男生就会变成一只翱翔苍穹的雄鹰。

▶ **对女生要有呵护之心，千万不要在大庭广众之下说一些难听刺耳的话让女生丢脸。**这是老师打出的一副呵护感情牌。女生面皮薄，自尊心强，并且是听觉动物，容易从感情的角度去理解老师对她的态度，容易生气和"记仇"。老师一旦与她们有了矛盾，很难做到事过了无痕。

▶ **对女生要不吝赞美，不论是公开还是私下，对女生都要多说赞美的话。**这是老师打出的一副赞美感情牌。但凡是人，都喜欢听肯定和赞美的话。女生尤其喜欢听到老师对她们的赞美。赞美女生反应灵敏、逻辑思维能力强、书写漂亮、心胸开阔、有绘画天赋、声音很甜美，等等，这些话由老师说出口，女生听了都会喜不自胜。不过有一点需要注意，不论是男老师，还是女老师，在赞美女生时，都要尽量规避对其身体的赞美。

▶ **对所有女生要一视同仁，尽量做到雨露均沾，切忌偏心。**这是老师打出的一副公平感情牌，旨在告诉每个女生，老师是真心的，不偏不倚，一视同仁。为何要做到这一点呢？因为女生的嫉妒心理和争宠心理都很强，她们一旦从老师的言语里感觉到了不公平，私下就会有意见。

▶ **课堂上当有男生对女生不尊重时，老师一定要有鲜明的立场，要坚决站在女生这一边。**这是老师打出的一副站队感情牌。老师们千万别因为担心男生说闲话就和稀泥。女生来自金星，很容易在情感上受伤，她们受委屈时不需要他人讲道理和论对错，只需要情感上的支持。这个时候老师若主动站在女生一边，男生并不会因此怨恨老师，女生却会因为获得了老师的支持而心生感激。这份感激会化作支持的意愿，或者学习的动力，令老师的后续工作更好地开展。

班主任作为班级管理者如何向女生打出感情牌？

▶ **敲锣打鼓亮出底线牌。**

我接手新班级，不论是带起始班，还是中途接班，与学生见第一面时，都要敲锣打鼓送女生一份见面礼。

我会告诉班上所有学生：

我的带班理念有很多条，其中最重要的一条是，把女生捧在手心，把男生拴在腰上！因此我有三条不可逾越的带班底线，请认真倾听并牢记——

第一，在我的班级，所有的男生不可以在任何时间、任何地点，以任何理由谩骂女生！如果硬要谩骂，那么男生的下场将会很糟糕！届时，我会带着全班女生，对着骂人的男生，用排山倒海的气势把公道讨回来！

第二，在我的班级，所有男生不可以在任何时间、任何地点，以任何理由殴打女生！如果硬要殴打，那么男生的下场将会非常糟糕！届时，我会告知被打女生的母亲，请这位母亲亲自出场来解决问题。我是母亲，可以感同身受，谁要是敢殴打我的孩子，我就会立即变成一头愤怒的狮子，并且还是一头护犊心切的母狮子，攻击力究竟有多强，男生们可以闭着眼睛想象一下。

第三，在我的班级，所有的重活、累活、脏活、受气活、体力活都是男生包干，女生旁观！男生同意也得同意，不同意也得同意！我不做任何解释！

我这三段话说出来，谁心里特别舒服？那当然是女生！因为我从感情上满足了女生的需求——她们被老师看重、关心、呵护，甚至还被老师倾尽全力地保护着，女生需要的就是这种被捧着的感受。谁心里又不舒服呢？那当然是男生了。不过没关系，我会专门给男生上一堂如何全面了解女生的课。在这堂课里，我会引导男生从生理、角色、性格等方面了解女生，激发男生的同情心、责任心和同理心，让他们看清自己肩上的重任，从而支持并协助我教导好班上的女生。我把这堂课上完，男生不仅不会怨恨我，还会成为我的外部支持系统，协助我把女孩培育得更加积极和健康。

▶ 开门见山打出心理联结牌。

我在全班颁布三条不可逾越的带班底线时，虽然没有直接向女生示好，但女生一定明白我对她们的心意。她们嘴上不表达对我的喜欢，但心里一定是非常接纳我的。不过，班主任想要把一个班带好，光获得女生的接纳和喜欢还远远不够，还要把女生变成自己人才行。那么怎样才能把女生变成自己人呢？就是把女生召集在一起，当面向她们表白，开门见山地给她们贴一些正面积极的标签，把她们的感情和成长的需求与老师的需求联结起来。

第一个标签：女孩是老师的贴心小棉袄。我说："孩子们，老师此生最大的遗憾就是没有生养一个女儿。但是，我又特别幸运，因为我每天都可以与朝气蓬勃的美少女相处，相当于有一群女儿，太幸福了！人们都说，女孩是爸妈的贴心小棉袄，我希望，你们也是老师的贴心小棉袄。说实话，我很喜欢你们，但无论我多么喜欢你们，我的爱释放到每个女孩身上，都被稀释了。所以，我希望你们不要被动地等着我来爱你们，而是要主动来爱我，这样我就可以得到几十份完整的爱。我每天生活在富足的关爱里，幸福感满满！当老师感到幸福了，这份幸福就会传递到学生那里，学生也会幸福。"

第二个标签：女孩是班级的带头人。我说："孩子们，从生理发育这个角度来讲，同龄的孩子，女孩要比男孩早发育两三年。也就是说，你们现在已经是小姐姐了，已略懂世事，而男孩还是个小屁孩，除了玩啥事不懂。因此，管理班级，维护秩序，参加体育比赛，开展活动等，女生都要拿大头，并且还要起到带头作用！"

第三个标签：女孩是男孩成长的引领者。我说："孩子们，从心理发育这个角度讲，同等年龄的孩子，女孩要比男孩早熟两三年。也就是说，你们现在已经跑到男生前面去了。既然已经跑在前面了，那就必须给后面的男生做领跑者，要起到榜样示范的作用。老师我想要把这个班带好，想要男生不跑出他们的人生赛道，没有女生这群引领者，我根本就成不了事！"

第四个标签：女孩是推动班级前进的主力军。我说："孩子们，从读写发育这个角度讲，同等年龄的孩子，女孩还是要比男孩领先两三年。也就是说，你们的思考力、读写能力目前普遍比男生强。你们就是推动班级前进的主力军，没有你们的加持和支持，我们的班级就会停滞不前。男孩都忙着贪玩和耍酷去了，女孩就必须拿出大姐大的气势来推动班级前进。我相信，只要咱们班的女生气势如虹，男生就会慢慢变强！"

第五个标签：女孩是班级的形象大使。我说："一个班级班风好不好，学风浓不浓，精神足不足，不是看班主任。班主任再激情四射，也只是一个人在射，辐射范围太小；班主任再知识渊博，也只是一个人在博，'博'不出全班发光的局面。也不是看男生，大家都知道男生此时还是小屁孩，淘气、捣蛋是他们本来的样子。那么看谁呢？自然是看这个班的女生。全班女生谈吐文雅，穿着得体，举止优雅，别人就会觉得这个班的班风很健康；全班女生锐意进取，沉迷于学习，不轻易认输，别人就会觉得这个班的学风很浓厚；全班女生团结友爱，不八卦，不分裂，不多嘴，别人就会觉得这个班的人际关系很和谐，三观很正，能量很强。而这些美好正面的评价，需要全体女生去挣回来。"

这五个标签，其实也是我给女生做的角色预设。班主任要做一个善于预设学生人生的人。简单来说，就是你给学生画了一个什么样的人生导图，他们就会拥有什么样的人生。我给女生贴了这么多积极正面的标签，并且还在平常的相处中反复强化，女生就会顺着我给她们画的人生轨迹行走。慢慢地，她们就会成长为一群有能力、有见识、有担当的新时代建设者。

最后，我还不忘对着全体女生来一个抒情性的总结："女孩兴，则班级兴！女孩衰，则班级衰！"这是一副最大的感情牌！女孩的重要性已经从十分被需要上升到决定兴衰上来了。没有她们，班级何在？我这个班主任何在？她们对我而言，是何等重要！

2. 多赞扬，少批评

我在前面说过，女性是听觉动物，并且擅长情感式沟通，所以她们说话、做事都喜欢情感先行，理性滞后。尤其是青春期的女孩，心理成长还没发展到理性、克制的程度，做人做事全凭直觉。加上青春期的女孩自尊心和虚荣心都很强，心理又很脆弱，很容易被负面评价击倒。当然，我也见过一些女生，个性刚强，心胸开阔，不论老师怎么打压，都跟个不倒翁一样，始终屹立在众人眼前。但这只是个别案例，不具有推广性和复制性。因此，班主任在与女生说话时，一定要针对女性的特点制定合情合理的说话术。

鉴于青春期女孩的心理特点，我在与她们说话时，批评的话语绝不轻易出口。即使需要批评，也是客观陈述事实。如果事态严重，客观陈述已经不能表达我的立场，我就写一段批评的话，通过QQ或者微信私发给女生。就算是私发的批评内容，我也是按照正确的批评路数来写的。至于如何批评才合适，我曾专门撰文陈述过，不在此赘述。

我建议班主任每天进教室，都要抓住各种契机表扬女生。早读课上，声音很整齐，表扬；上课回答问题很流利，表扬；说话很有条理，表扬；做事很利索，表扬；为人很真诚，表扬；善于关心同学，表扬；对人热情，表扬。只要班主任愿意开口表扬，女生值得表扬的亮点就比比皆是。

表扬女生的模板

你……，我感到……，让我……，我……，表扬！

例如：

你上课回答问题时，我感到你的表述特别流利，让我眼前一亮，我很开心，表扬！

这种表扬句式的好处是：既有事实的陈述，又有情感的表达。女生听了之后，既不会觉得老师的表扬失真，又不会觉得自己受之有愧，其他同学听闻之后也不会嫉妒。

班上还有一种女孩，她们心智发育超前，也就是我们常说的早慧。虽说她们还是未成年人，但其认知水平比一些成年人还高。对于这种女生，班主任不要随便表扬，也不要轻易批评，而是要在事情发生之后，坐下来与她心平气和地交流，多听她说话，多问问她是怎么想的。如果她思考不周，做得不全，班主任也只需要轻轻一点拨，她就豁然开朗了。这样的女孩可遇不可求，但一定有。我在30来年的教育生涯中，遇到数十个这种早慧的女生，给我带来了极高的价值感。

3. 把说话的权限发送给女孩

在文章开头，我说过女生擅长情感式沟通，所以女生在与他人说话时，总是会忍不住分享她的一些私密之事，以引起他人的共鸣，从而达到情感的满足。鉴于此，班主任就要把倾听当作一种和女生沟通的技巧。也就是尽量让女生说，班主任听。

认真倾听的案例

一女生来办公室找我，说她与某女生因为某件事发生了误会，现在人际关系非常紧张，她的压力很大。类似这类人际关系问题，一时之间很难说清谁是谁非，也很难说准她们何时冰释前嫌，和好如初。这时，班主任一定不要轻易发言，因为一发言就避免不了评价，或者不经意间就会站队，而是要把说话的权限给到当事女生，把自己设置为一个认真倾听的局外人。

当这位女生委屈地告诉我，她与某女生发生了误会，搞得人际关系很紧张后，我云淡风轻地说道："你能告诉我，你和××是怎么发生误会的吗？"

女生打开话匣子告诉了我发生误会的时间、地点、事件等。在女生讲述的过程中，我很认真地倾听，时不时会插一句："起因是什么啊？你可以把经过描述得更细致一点。"

等女生把这件事完整地表述出来，我也清楚这件事发生的缘由了，个中谁是谁非我也了然于胸，但我没有轻易评价，更没有站队。不过，我必须要照顾向我求助女孩的感受，因此我接着问她三个问题：

"你对这件事怎么看呢？"

"你目前有想到什么办法去解决这件事吗？"

"你需要我怎么帮你呢？"

这三个问题的主动权都在女生那里，她想怎么说就怎么说，我只负责倾听。当然，我在倾听的时候，做出了"我理解，我明白，我感同身受"这样的情感抚慰。其实，女生来办公室给我说这个话题，不就是想要我的情感抚慰吗？我倾听的过程就满足了女生的情感需求。待她们说完，压在她们心中的石头就轰然一声碎了。在与我一问一答的追述中，解决方案也浮出了水面。过不了几天，那两个闹矛盾的女孩又和好如初了。

大家看我与女生的沟通成本很低，效果却异常明显，要么觉得我在说假话，要么觉得我有读心术。事实上，两者皆非。我之所以能轻松地化解女生之间的人际矛盾，那是因为我在进行班级建设时，人际关系建设是重中之重。但凡经我带过的班级，人际关系都非常和谐，学生之间都非常团结，班级凝聚力也超强，生生之间因误会产生的矛盾就很容易解决。

4. 走进女生的生命场，成为她们的同道之人

我常说，青春期女生是一群惹不起的"生物"。班主任乱说话，女生表面纹丝不动，背后暗潮汹涌。班主任不说话，女生又觉得老师高高在上，不可爱不可亲。只要女生心里没有给班主任留位置，班主任就很难走进女生的生命场，很难了解女生心里的真实想法，很难把人际关系搞好，也很难把班级带好。那么，班主任如何才能走进女生的生命场呢？

▶ **首先，要进入女生群体的话语体系。**

女生在学习之余都喜欢在网上冲浪。她们的网名大多由很奇特的符号组成，网络词汇在她们嘴里互相切换。对此，我从未表达过反感，更没有进行阻止。相反，我对那些符号表示出强烈的好奇心，会抓住她们问东问西，还会跟

着她们学习网络词语，在日常交往中，我都会使用那些有趣的且有激励之意的网络词语。比如女生们说："老师，你太厉害了，我们怎么敢与你比啊？"我就会笑着鼓励她们："不要泄气啊，我是前浪，你们是后浪，后浪一定会把前浪追到沙滩上。"女孩们一听，信心大增。女孩们缺乏目标，对未来一片迷茫，我就会对她们当头棒喝："现在是觉醒年代，你们赶紧给我醒过来！"女孩马上故意瞪着眼睛说："老师，我们觉醒啦。"女生的作文写得棒，歌唱得好，舞跳得靓，我都会竖起大拇指赞一声："腻害！简直就是人间绝绝子！"

我随口蹦出来的网络词，恰当又得体，女生们听了很受用。于是，我被女生视为潮人以及灵魂有趣的人。如此一来，我轻而易举地就走进了女生的生命场。

▶ **其次，要关注女生群体的兴趣点。**

大多数女生上网，并不是扎堆聊天。她们对文字聊天并不感兴趣。她们主要把时间花在刷明星微博，看网络甜宠剧，阅读奇幻类、言情类网络小说，还有就是在 B 站追番剧，刷抖音里的各种短视频上，少数女生会关注头条和热搜。对于女生的这些兴趣爱好，我从未进行过价值判断，更没有表示反对，我只是根据女生们的兴趣点，一头扎了进去。她们关注明星，我也关注；她们看网络甜宠剧，我也看；她们看网络小说，我也关注一二；她们在 B 站追番剧，我也追了一两部国风番剧；她们在抖音上看视频，我比她们更"激进"，直接下载抖音、小红书并注册账号，偶尔还上传一个事关我生活与工作的小视频去吸引粉丝。

由于我全方位地跟进了女生的兴趣点，我的生命就与女生同频了，她们的心门朝我大开。课间，我与她们谈论明星，我知道的信息比女生还详细，把她们惊讶得目瞪口呆。说完，我还不忘叮嘱她们，明星易塌房，追星需谨慎，把自己变成优秀女孩，让自己成为自己的明星才是最靠谱的追星攻略。我与她们谈论网络小说，我不仅能讲出情节，还能抓住主题，更重要的是，我还可以对小说的行文风格进行点评，让女生们听得连连点头。在她们眼里，我是一个与时俱进且学识渊博的班主任，可爱又可敬。我与她们谈论番剧、小视频，都能头头是道，并且能抓住当下热点和焦点，令女生们无比佩服。于是她们摆出一副匪夷所思的表情问我："老师，你怎么懂得这么多啊？"我就会笑着说："因为你们懂得多啊，我想要与你们一起飞，所以我就必须跟着你们的节奏跑，我不想跑在你们的后面，我要与你们并肩同行。"

由于我关注并重视了女生的兴趣点，我与学生就处在同一生命频道，她们就特别欢迎我进入她们的生命场里，我就能跟女生打成一片。不论我说什么，她们都信。不论我怎么说，她们都觉得很有道理。

▶ **再其次，要重视女生的人际关系。**

女生之间很容易因为观点不同、信息传播不对等闹矛盾。女生之间闹矛盾与男生不同，她们很容易感情用事，用情绪表达观点，这就会造成人际关系的破裂。人际关系一旦恶化，女生的情绪就很容易低落，甚至互相怨恨，严重的还会从内心长出仇恨来，这对班级建设、个人成长都有害无利。基于女生的心理特点，我特别重视女生关系的建设，教她们理性、客观地处理人际关系问题，更教她们如何维护人际关系的健康。女生们在我的指导下，人际关系和谐健康，在班级里很有安全感，个个都表现得自信大方，班风也就积极健康了。

5. 重视细节，义正词"婉"

女性听别人说话，喜欢捕捉话语里的细节，并且很在意对方说话时的语气。因此，班主任在与女生说话时，一定要重视细节的陈述，不论女生多不占理，都要尽量做到义正词"婉"。那么具体怎么说呢？

义正词"婉"的案例

D女孩是大家公认的性格耿直的人，说话做事从来不考虑别人的感受。她也因此给自己带来了麻烦，就是那些被她伤害过的女生团结起来孤立她。D女孩一开始很纳闷，玩得好好的同伴怎么就不跟自己玩了呢？后来她逐渐看懂了，这些女生其实是在故意孤立她。于是她非常伤心，来办公室找我帮她调解人际矛盾，还说她是刀子嘴豆腐心，从来就没想过要伤害同学，但同学明摆着在伤害她。

有一次我与孩子们做关于"诚信"的综合训练，说到如何辩证地看待"诚信"这个话题时，我举了一个例子，说我去医院看望一个生命期限只有3个月的病人，我对着病人诚恳地说："现在医学这么发达，你不要多想，好好养病，很快就康复出院了。"说完，我问孩子们："我这明摆着在说谎，这是讲诚信吗？"孩子们很聪明地答道："算不上诚信，但对着病人应该撒这个善意的谎。"我非常满意孩子们的回答，正要开口点赞时，D女孩大声说道："如果我去医院看望这个病人，我就直接说，你都是要死的人了，还在医院赖着不走，真是浪费医疗资源！"D女孩的话一出口，孩子们集体大惊失色。

　　对于这种孩子，我要怎么说呢？以直对直吗？不行！我若这样跟她说话，她就会觉得自己这样说话没有问题；我若直接说她错得离谱，她又接受不了。

　　于是我把她说话的内容一字不漏地陈述出来。比如她说某女生脸圆腰粗臀肥，长得像头水牛；她还说某女生跳舞就像巫婆在请鬼神。我在陈述这些话语时，D女孩没有觉得难堪，而是笑嘻嘻地看着我，说："我开玩笑呢。"我笑着说："嗯，我知道你在开玩笑，现在我也与你开个玩笑，好不好？"说完，我拿出一支紫色荧光笔，在一张A4纸上，一边说，一边画：

　　"小D有一张圆圆的脸，我在纸上画个圆。不好意思哈，我画技很差，画圆不圆，只能画个椭圆。椭圆上不能没有耳朵吧？那我再给小D装上一对招风耳。还差一双眼睛，我给小D画一双什么眼睛呢？你性子这么直，我就给你配一双豹子眼吧。嘴巴呢？说话不顾及别人的感受，嘴毒伤人，给你画个血盆大口。"

　　D女孩指着她的头像惊骇地说："我有这么丑吗？"我笑着说："请看我继续画你的腰！小D有一个粗腰，那我就在纸上画一个粗腰。究竟有多粗呢？我也不知道。我只知道有个词语叫作'水桶腰'，那我就给你画个水桶一般粗的腰。水桶有多大呢？我只能按照我家的水桶大小来画了。"说完，我就在小D的头像下面拉了两条线，再把我家的水桶画了上去。

D女孩看到我画的粗腰,很不乐意地说道:"老师,你画的比母夜叉还丑啊。"我笑着说:"比水牛还是要好看一些,比巫婆还是要美一点。别着急,你的肥臀我还没画呢。这个很考验手艺啊,我又不是美术专业的,实在是很难画出精髓。我只能凭感觉了哈。小 D 有一个肥臀,我画的是正面人像,如何才能把背后的肥臀画出来呢?没办法呀,我不是美术老师,没有绘画的才能,但我是语文老师,有较强的想象力,我可以把小 D 的肥臀画到前面,画成举世无双、天下第一的另类美女。"说完,我在小 D 的粗腰下面画了一个半圆,在半圆里写了两个字:肥臀!

D女孩看着我给她画出来的形象,咬着嘴唇,很不开心地说:"什么另类美女,纯粹就是个丑八怪。"我笑着说:"别着急嘛,我得善始善终,给这幅绝世名画取个名字。取什么名好呢?那就叫'水牛屁股上的巫婆小 D'。"

D女孩自然不愿意我取这样一个难听的名字。不要说名字,连这幅画她都不接受。只见她眼里蓄满了泪水,委屈地说道:"老师,我觉得你在侮辱我。"我笑着说:"是吗?我只是把你的文字变成了一幅画,你就觉得是侮辱了?你说别人的时候,别人会不会觉得是侮辱呢?我多次跟你说过,说话要经大脑,要慢半拍,想清楚再说,可你始终要刀砍斧斫一般地说话,伤人而不自知,还大言不惭地说自己是刀子嘴豆腐心!依我看,既然都是刀子嘴了,哪里还有什么豆腐心?即使真有豆腐心,那也是冻豆腐,砸出来是要砸死人的!口乃心之门户!内心深处若存了善念,就不会口出妄言。"

D女孩的坏毛病改没改?当然改了!首先,她并没有"人格不良症",只是有一点说话直的小毛病。其次她也渴望建立和谐的人际关系,只是她从小到大,养成了直来直去的习惯,并且情绪感知能力较差,缺乏同理心。找到这个症结之后,我用此方法跟她沟通了几次,她就认识到自己的问题,慢慢改过来了。

6. 听懂她们不正确的表达

有些时候，明明是女生做错了，班主任说她们的时候，她们反而脾气很大。比如考试不尽如人意，班主任说几句，她马上蹦出几句："我智商低，我不行，我就是很差劲！"班主任实事求是说几句话，又没责备这女生，她干吗火气这么大，说出来的话牛都踩不烂，人都气得死。

那么这时班主任该如何理会这个恼羞成怒的女生呢？不予理睬，权当没听到？这个无为之招不提倡！班主任若不理睬这个女生，她就会更加火大，并且还会破罐子破摔。

班主任首先需要做的是正确理解女孩此时的情绪。女孩考试失败了，正在气头上，但又不愿意承认失败是自己造成的。班主任这话一出口，即便是客观的，也会让这类性格急躁任性的女孩恼羞成怒乱说话。其次，要做出及时准确的回应。怎么回应呢？一脸惊诧地说道："你这是怎么啦？需要我怎么帮你啊？"不管女生回不回应，班主任说完这两句话就赶紧闭嘴，能离开现场最好，不能离开现场就赶紧组织其他学生做事情。

很多时候，青春期的女孩说话很情绪化，这并非她们的本意。班主任一定要听懂她们的错误表达，然后将话锋一转，转到其他话题上。等女孩自我消化一段时间后，再去找女孩推心置腹地谈话，就能把女孩存在的问题给解决了。

7. 现身说法，谈谈自己的青春期

青春期的女孩，最容易犯的过失就是因为迷恋男明星而耽误学习，或者对异性动情而忽略自我成长。道理她们都懂，但青春期流动的血液以及分泌的激素，让她们很容易迷失。对于沉迷于看青春言情小说、看二次元动漫，网络聊天，为明星打榜做数据，迷恋异性等行为，我虽然理解，但不支持。我除了用课程培育女生之外，还经常对她们进行现身说法的指导。

现身说法的案例

Z女生是一个特别有礼貌的女孩，对班级事务很尽心，对同学很热心，

对我这个班主任特别关心。但她的心很烦躁，因为她读小学时喜欢的一个男孩，初中和她不在一个学校。她上课经常魂不守舍，学习效果也不尽如人意。每次考试后，她都很难过，既恨自己缺乏行动力，又恨自己总是分心。

于是我经常现身说法去劝解小Z，经过一个学期的努力，小Z终于从这份无望的感情泥淖里挣脱了出来，整个人变得积极阳光。

▶ 你的青春，我也经历过，说给你听听。"我读初中时，差不多有一整个学期陷在自我糊弄之中。我讨厌学英语，直到我的英语考了18分，名次下滑到班级倒数几名，我才猛然惊觉，不学英语，我就啥也不是。还有一次，我的语文老师生病，来了一个代课老师。我欺负他老眼昏花，在语文课上看琼瑶的《月朦胧鸟朦胧》，到考试的时候，我看着试卷上的题目，整个人都朦胧了。所以说，在每个人的成长中都会出现各种陷阱，我们就在这些陷阱里翻转腾挪，最终都会跳出这些陷阱。你只管翻转和腾挪，一切皆有定数。"

▶ 你的心动，我也有过，说给你听听。"我大概是在读小学五年级的时候，喜欢过一个男生。我觉得他是我见过的长得最好看的男孩，并且成绩也很优秀。我当时把所有的注意力都放在他身上，只要看到他与其他女生说话，心就很不平静。但我一直忍着，从未把这份心思暴露出来。后来，一次偶然相遇，我听到那个长得很好看的男生满嘴脏话，他的形象在我心里轰然坍塌，我再也不喜欢他了。然后我心如止水，努力读书。我想，我只有不断地努力，走得更远，才能看到更优秀的男孩。对一个男生动心，本身没错，但他不是我们人生的全部。将这份感情藏于心底，用心守护，相信与自己匹配的，一定能并肩前进；与自己无缘的，注定会各奔前程。"

这样的沟通方式，是不是好过讲各种道理？人都有青春的悸动，这很正常。来了，坦然接受；去了，转身相送。

最后我还有一个特别放送，也就是女生对异性产生好感，或遇到男孩喜欢她时，班主任怎么说才合适？一共有四句话：

第一句：我很开心，你能喜欢异性，说明你身心发育很健康，性取向很正常，情感世界也很丰富。

第二句：我很骄傲，有男孩喜欢你，说明你很优秀，也能展示你的优秀，希望你永远优秀！

第三句：我很放心，你喜欢男孩，说明你学会了欣赏男孩的优点，希望你眼界可以更开阔一点，思维更理性一些，找到适合你的男孩。

第四句：不管哪个年龄段的男女情感，其实都是互相吸引的结果。根据吸引力法则，你只有优秀，才能吸引到优秀的男孩。因此，不论你多么喜欢对方，都不要丢失你自己，而是要努力地把自己变成有价值的人！

四 开学第一天，班主任怎么把话说到学生心窝里？

接手起始班级怎么说？

我这里说的起始班级是指初一和高一，小学一年级的起始班级不属于本文的讨论范畴。

新学生第一天到学校，他们脑子里究竟在思考哪些问题？据我了解，他们一般会想：我会被分到哪个班？是否会遇到旧同学？老师的脾气如何？同学是否友善？新的学习生活是否有趣？学校的校风怎么样？

新学生疑虑颇多，但答案难寻，于是他们心中忐忑。这个时候班主任如果乱说话，就会增加新学生对学习生活的惶恐感。

班主任此时应该是定海神针，要说一番情真意切的话把学生的心牢牢定住。那么，班主任需要怎么说才能把话说到学生心窝里呢？

1. 给学生吃一颗定心丸

学生初来乍到，最重要的就是要定心，班主任要让学生从心里感受到新学校、新班级、新老师与自己的需求是匹配的。当然，能说会道的班主任还可以让学生在听完老师的一番话后感到无比幸运。

亲爱的同学们：

　　首先，我要真诚感谢你们选择了我们学校！热烈欢迎你们来到初一（高一）某班。正是因为你们的选择，我们才有相遇的缘分！我会珍惜这份缘分，与你们一起共建美好的初中（高中）生活。

　　我在这里保证：不论你们的成绩怎样，性格怎样，能力怎样，我都会一视同仁！我会接受你们本来的样子，然后再与你们一起变美好，绝不会把你们当作工具人。我的情绪稳定，态度温和，我保证与你们沟通时不使用暴力言语。我保证为你们建设一个团结友爱的班级，护每个学生周全，对班级人际霸凌零容忍！

　　我不轻易使用惩戒手段，但在原则问题上我会寸步不让！我要的无非是每个学生都能健康成长，我给的一定是可以助力每个学生健康成长的脚手架。

热烈欢迎 + 真诚表态 = 定心丸。

2. 给学生画一个美丽的"大饼"

学生的心定下来了，还要让他们感到未来可期，他们才会对新班级生出向往之心。此时，班主任就要向学生介绍学校的办学理念以及自己的带班理念。

亲爱的同学们：

　　我再次感谢你们选择了我们学校！我相信咱们学校会因为你们变得更美好！

　　我们学校在办学方面一直秉持"质量立校，人本治校，文化兴校，科研强校，培养具有健康、主动发展的意识和能力的学生"的办学宗旨，把每个学生的成长当成国家大事来对待。

> 作为班主任，我在坚守学校办学理念的同时，也形成了自己的带班理念，在此我也一并向大家汇报：
>
> 带班理念之一：教育的核心就是激活学生的生命，让学生成为更好的人，而非工具。
>
> 带班理念之二：教育必须帮助学生培养可持续发展的能力，没有什么比学生的未来更重要！
>
> 带班理念之三：打造一个让老师和学生一生都充满光明的班级。
>
> 在班级常规管理方面，我会把班级还给大家，让每个学生都加入班级管理中，培养每个学生的责任感和管理能力。
>
> 在班级文化建设方面，我会立足班情，打造可以滋养学生心灵的班级文化。分别从物质、制度、精神层面进行建设，同时还会兼顾班级愿景和核心价值观的打造。
>
> 在班级人际建设方面，我会不遗余力来帮助大家建立和谐健康的师生关系和生生关系，让大家不受消极人际关系的困扰。

班主任只有向学生呈现健康、积极、可持续的教育理念，才能让学生感到此行不虚，学生的心才会在新班级扎根。

3. 让学生对未来充满信心

带班 30 余年，我有一个被反复验证的经验，那就是学生如果对老师没有信心，对自己也就缺乏信心。因此班主任还要向学生介绍自己以及科任老师。班主任做介绍时可以高端大气上档次，也可以低调奢华有内涵。

> 亲爱的同学们：
>
> 接下来的三年时间，我将陪你们一起成长！首先，我喜欢孩子，我会把每个学生当作我的孩子来看待。其次，我喜欢我的职业，我把我的职业当作事业来经营，所以这三年里，只要我进了学校，我的心

就全在你们身上了！还有一点，也是最重要的一点，我是一个特别有趣、有料的人。趣在何处？料在哪里？这就要靠你们慢慢挖掘了！总之，绝不会让你们失望！

还有我们的科任老师，个个高学历，高水平。他们个性迥异，但责任心都很强，而且特别有爱心。他们的教学风格不同，但经验都特别丰富。他们对教育的理解存在差异，但都在为学生的成长殚精竭虑。

你如果是年轻班主任，还要特别强调自己的干劲、活力、新潮，能与学生打成一片。至于对科任老师的介绍，必须要放大优点，毕竟先入为主很重要。

班主任说这番话的目的就是让学生发自内心地认同自己的老师，让他们对自己的老师充满信心。学生对班级有了期待，对老师有了信心，他们的心就活起来了。

总之，不论是德高望重的班主任，还是资历短浅的班主任，与学生见第一面时所说的一番话，一定要给学生留下这样的印象：我很认真，我很敬业，我有经验，我想把你们带好，我也能把你们带好，我有这个能力。说话时一定要显得底气十足。

回归老班级怎么说？

通常情况下，老学生回归，喜不自胜，欢呼雀跃，一定会扎堆闲聊。这个时候，班主任该如何破局，让扎堆乐呵的学生静下心来听班主任说道一番，进而齐声应和，能量大增呢？

1. 情感先行

我经常借用冯巩在春晚说的那句经典台词"我想死你们了"。只要我说："孩子们，我想死你们了！"孩子们马上就会附和："我们也想死你了！"说完，教室里发出了愉快的笑声。

我们彼此都想死对方了，还有什么事是不能解决的？

2. 复盘假期

既然师生都是老相识了，就无须说客套话，直接复盘假期生活就好。班主任可以带头复盘，然后再让学生复盘。生活的、学习的、旅行的，趣事、糗事，都可以拿来分享。老师在倾听时，不要进行价值判断，孩子们愿意打开心窗说出来就行，大家开心就好。

3. 提出新的要求

复盘结束了，孩子们也高兴了。新的学期开始了，也该有新的要求。这个时候，班主任顺势向学生提出新要求，他们就会很配合。

亲爱的同学们：

不舍过去，哪有未来？不负重前行，哪有什么岁月静好？过了一个假期，你们也长大了一些，自然就要承担更大的责任。因此，本学期，我会对你们提出一些新的要求。比如，以前你只要不违反纪律就可以了，现在你不仅要遵守纪律，还要介入班级管理中，协助老师把班级管理得井井有条。还比如，以前你只是把自己的作业做完就可以了，现在你不仅要认真完成自己的作业，还要带着同伴一起进步。再比如，以前你遇到问题就想告状，现在你遇到问题要先试着自己处理，处理不了，再向老师求助。

究竟有哪些新要求？当然是根据自己带班的需要提出来。不同的学段，应该有不同的要求。

说完这些话，班主任还要从细节上罗列学生的优点，表现出对他们强大的信心，并由此为学生预设积极的人生。

中途接班怎么说？

一个班主任被学校空降到一个班去当"后娘"，说实话，相比面对起始班级，霸气不足；比起面对带熟了的班级，底气不足。下面几十双陌生的眼睛齐刷刷看着，探究着，期待着，甚至还随时准备着拿新班主任与前任班主任对比。此时，新班主任该如何说，才能快速打破僵局，并赢得学生的好感呢？

1. 客套话不可少，感谢前任班主任的话更不可少

初来乍到，人心不测，地皮不热，再牛的班主任都要客套几句，俗话说"礼多人不怪"嘛。还有前任，不论人家付出多与少，说到底都是人家种了瓜，现在你从天而降摘人家的瓜，怎么说都是占了人家的便宜，得了便宜就一定要"卖乖"。

亲爱的同学们：

说实话，在见到你们之前，我是很忐忑的。我担心你们不接受我，也担心××老师（前任）对我有意见，更担心带不好你们，辜负领导所托，辜负家长信任。

现在，我知道我的担心是多余的了。首先，你们有很高的接纳度，对我这个空降班主任没有表现出强烈的抗拒。其次，我也从多个渠道了解到咱们班是一个优秀的班级，不仅学习优秀，人际关系也特别和谐。这一切都要归功于你们之前的班主任，希望你们饮水思源，永远记住××老师对你们的付出。我也特别感谢××老师交给我如此优秀的班级，我就是来摘胜利果实的，我真是太幸运了！

此段话使用了欲扬先抑的说话术，既赞美了学生和前任班主任，又没有拍马屁之嫌，不显山不露水地收割了学生的心，堵住了前任班主任的嘴。

2. 自我介绍不可少

空降班主任在向学生介绍自己时，一定要真诚，既不可夸大，也不可缩小，

更不可自黑。此时师生关系还没建立，自黑不是幽默，而是妄自菲薄。

如果是年轻班主任，你可以先简单介绍一下自己的姓名、毕业院校、所学专业、教龄几何，接着强调自己的专业能力和工作态度，以及秉持的教育理念。比如：

> 我最大的缺点是年轻，因为在很多人眼里，年轻就是没经验，年轻就是不懂事。我最大的优点也是年轻！因为年轻，我的心更容易靠近学生，也更懂学生。我既可以与学生打成一片，又能保持合适的距离。因为年轻，我很有活力，还有很强的好奇心，我愿意学习，乐意做事，我的进步会很快。因为年轻，我身体很棒，精力很旺盛，有更多的时间陪学生！我可能不够优秀，但我可以与大家一起变优秀！我可能不够专业，但我可以为了大家变得更专业！我可能不够热情，但我一定会被大家的热情所感染！

年轻班主任不要怕在学生面前露怯，也不必在学生面前自贬。谦虚要有，自信也不可缺！低调要有，大气也要显露。总之，一定要让学生从你的话里听出你是一个灵魂特别有趣的班主任，值得他们为你驻足侧耳。

如果是资深班主任，你简单介绍了自己的情况后，可以云淡风轻地向学生介绍一下你近三年所取得的成绩，然后向学生表达真诚的愿望：

> 过去有再多的成绩也是过去，我现今想要的是带着你们超越我的过去！
>
> 我是一个什么样的人，不是我说了算，而是由你们在与我一起学习、生活后给出评价，那才是最真实的我。我坚信自己届时一定不会让你们失望！

话说到这里就应该戛然而止了。空降的班主任，说得再好，都不如干得好！毕竟前面有个参照，你的一言一行，学生都要拿来与他们的前任比。比赢了，他们就心服口服；比输了，他们就满心嫌弃。

第二辑
常规管理怎么说

一、学生犯错，班主任怎样批评才不会导致学生反感？

学生犯错，班主任要不要批评？当然要批评！批评虽然会让被批评者难堪，但也存在不可否认的好处，比如：

◎ 批评可以让孩子慢慢改掉自身的缺点和弱点；
◎ 批评会让孩子懂得从此以后要为自己的行为负责；
◎ 批评可以让孩子学会遵守规则，约束自己的不良行为。

只是，当孩子犯错后，班主任不要急着批评，更不要乱批评。批评是指对他人的缺点和错误提出意见。注意，是提出意见，不是责骂、羞辱。

某小学教室里，老师和孩子们正在开展班级活动。一个小男孩在讲台上认真地表演，班主任在组织孩子们观看，科任老师在拍照。坐在前排的小女孩不知为何，突然捂着耳朵，不停地回头朝后面的同学看，两位老师特别生气，认为小女孩没有认真观看男孩表演，是不尊重别人的表现，于是厉声地批评了小女孩。批评中还夹杂着价值判断的言语，甚至还对女孩子爆了粗口。小女孩莫名其妙地被严厉批评了一顿，委屈极了，眼里噙满了泪水。

鲁迅说："恶意的批评，如在嫩苗的地上驰马，那当然是十分快意的事情，然而遭殃的是嫩苗。"一个小女孩，仅仅因为在别人表演节目的过程中，做出"捂耳朵""回头"的动作，就被老师定义为"不尊重别人"而遭到恶意批评。

这个女孩心里会有怎样的无助和难堪,两位老师没有想过,估计也想不到。

那么,当学生犯错后,班主任究竟要怎么批评,学生才会心甘情愿地接受,并且乐意改正呢?

我归纳出了六个批评步骤,能让涉事学生超级接受,批评者不损耗能量,旁观同学深受触动。

六步批评法的模板

1. 陈述过程;
2. 表达感受;
3. 表明态度;
4. 提出建议;
5. 释放感情;
6. 迅速翻篇。

下面我用具体的案例来阐述如何使用上述六个步骤对学生进行恰当有效的批评。

六步批评法的案例

"少侠一班"的小昊因好奇心作祟,伙同外班同学躲在教学楼某角落抽电子烟,被级长抓住。小昊因此被学校德育处进行了警告处分。"少侠一班"也因此被连累,当月文明班级评比被一票否决。

小昊抽烟被级长抓了现行,我想"家丑不外扬"都不行。他抽烟受处分的事情已经在全校师生面前宣读了,我想捂住也绝无可能。再说他的不良行为已经让"少侠一班"蒙受了损失,我若不在全班同学面前批评他,我的态度、立场、价值观于学生来说就显得很模糊,育人效果将大打折扣。

可小昊是一个比较敏感的孩子，跟父亲的关系也很疏离，我若疆场跑马一般地批评他，我当然解气，但小昊就不开心，势必被激起叛逆之心，届时不仅无助于他改正错误，还有可能弄得我颜面不保。

于是，我特意选了班会课时间，关闭了门窗，招呼孩子们正襟危坐。随后我非常郑重地说道："今天我要当着大家的面非常正式地批评小昊，希望每个同学都认真倾听，把这个批评当作重要的仪式来对待。"

1. 陈述过程

"第三周的周二上午第四节课间，小昊与二班某些同学，在一栋四楼厕所角落抽电子烟，被级长抓了现行。据现场同学以及小昊'交代'，他们抽烟是因为对电子烟很好奇，小昊只抽了一口，觉得味道奇怪就把电子烟还给同学了。"

2. 表达感受

"根据光明中学的违纪处罚条例，小昊被警告处分，相关综评观测点不达标。'少侠一班'当月文明班级的评比也被一票否决。不论是小昊个人受到处分，还是我们班的文明班级荣誉被一票否决，我心里都特别难受。这说明我工作没有做到位，对同学的关心和了解也不够，我很惭愧！"

3. 表明态度

"对于小昊抽烟这个行为，我表示坚决不接受。我不论是作为老师，还是作为母亲，都不支持我的学生和孩子抽烟。我也不希望看到我们班有其他同学犯类似的错误。"

4. 提出建议

"抽烟有害健康，这已经是个基本常识了，在此我不多说。从现在开始，咱班同学要互相监督，启动举报机制。特别说明，举报抽烟不是告密，也不是对同学不忠，而是帮助同学改掉坏毛病，有利于同学的身体健康，是正义的行为。同时也建议各位清理自己的朋友圈，把那些怂恿自己抽烟的伙伴从朋友圈里清除掉。"

5. 释放感情

"在此我还要特别说明，小昊虽然做了一件让我很伤心、很没面子的事情，但这并不影响我对他的感情。以前我喜欢他，现在，今后，我还是喜欢他！我绝不会因此对他进行负面评价。"

6. 迅速翻篇

"小昊因为抽烟这个行为，已经受到了学校的惩戒，我今天也当众批评他了。这件事就到此为止，请所有同学立即翻篇！希望小昊以及其他同学都不要再抓住此事不放，今后大家说话也不可揭短。"

我在批评小昊时，态度真诚，语调柔和，语速较慢，自始至终都没有责备他，做到了义正词"婉"。我还要求其他同学对此沉默以待，不可以应和我的言辞，更不可以哄堂大笑。

小昊被我批评后，不仅没有怨恨我，相反还与我走得更近了。以前他看到我，能避则避；我批评他后，他看见我还会迎面走来与我打招呼。自那以后，小昊再也没抽过电子烟，并且因为与我建立了彼此信赖的关系，我说的话他都能听进去了。由此他性格更开朗了，行为更规范了，跟家人的关系也得到了改善。

二、学生逃避劳动任务，班主任怎么说才会让学生积极主动？

"老师，你还是把我的卫生组长给撤了吧，"星辰卫生组的组长阿辰气呼呼地说，"每次轮到我们小组搞卫生，厚厚不是逃之夭夭，就是袖手旁观，我叫他补做，他就厚着脸皮说：'没有我你们也搞得很干净嘛，我可有可无，你是组长，你多干点呗。'"

"你很气愤，是吗？"我问阿辰。阿辰"嗯"了一声，答道："我除了气愤，还为其他组员鸣不平。总感觉奸猾之徒逍遥自在，老实人累死累活。组里有这样的人，我也心累，真的不想当这个组长了，老师，你就换个人呗，算我求你了。"

"其他卫生小组还有不作为的组员吗？"我心平气和地问阿辰。阿辰很肯定地答道："有！""很好！你赶紧去通知其他四个组长来开会，我要弄清楚是哪些人在捣乱！竟然把自己的本分工作转嫁给他人，此等偷奸耍滑的行为我忍不了！我必须为老实人主持公道！"我义正词严地说道。

阿辰很快就把另外四个组长给招来了，一经询问，我才知道，原来"厚厚现象"在每个小组都有。只不过有些假"厚厚"的脸皮没有真"厚厚"的脸皮厚，逃跑之后被组长抓包会道歉，也会立即补做，组长和组员心头的气就消了。还有个别的"逃遁"其实不是故意为之，他们只是忘性大，一放学抬腿就走人，完全忘记自己还要留下来搞卫生。

我建议各组长分清故意偷懒和无意忘记的行为。对于爱忘记的同学，不用责怪，只需放学前特意提醒即可。对于故意偷懒的同学，把他们交由我来处理，我一定给各位组长一个满意的答案！我绝不会让干了活的人还受气，立了功的人还寒心！

几个组长见我要给他们撑腰，不禁喜上眉梢，就连先前叫嚷着要辞职的阿辰也说现在不用辞职了！

从管理职位分配来讲，班主任就是团队大领导，既要放权给团队小领导，也要做他们背后的坚强后盾！既要他们拿出劳动成果，也要帮他们铲平阻碍。因此，替他们出头的硬话一定要说，帮他们摆平障碍的行为一定要有！这样才不会冷却他们的一颗炽热之心！

那么究竟该如何处理班上那几个喜欢在自个儿小组搞卫生时逃遁的家伙，才能令他们服气，令组长解气，令组员们爽气呢？

惩戒大可不必，他们的行为虽然有些令人不齿，但也不存在原则性错误，我只需动动嘴皮子，把他们说服即可。关键是，我要怎么说，他们才爱听呢？

现在这几个喜欢在搞卫生时逃遁的同学已被我召集到了一个小房间里（我的工作室），房门紧闭，外人根本看不到我们在做什么，也听不到我在说什么，非常安全，绝不会令他们感觉到没面子。那我怎么开口说话呢？

首先，先感情，后事情。

我笑眯眯地问他们："你们讨厌我吗？"我当然知道他们不讨厌我，不过是故意发问。我曾多次在我的文章中写过，班主任建设新班级时，第一件事就是要与学生建立关系，师生之间只有建立了彼此依赖和信任的关系，后续工作才能有效开展！因此，我敢保证，我的学生可能不会特别喜欢我，但绝不会讨厌我。果然，几个孩子猛摇着头说："怎么可能讨厌你！"有个孩子还大声说："我们还是很喜欢你的！"

"很好！那我再看一看，特别讨厌我们的班级，不想承认是我们班同学的请举手！"我故意瞪大眼睛扫视了他们一番，微笑着鼓励他们举手。几个孩子被我问得有些蒙了，一脸茫然地看着我。那个精明的"厚厚"笑嘻嘻地说："傻子才会举手！"

"这么说，你们都很热爱我们的班级，在我们的班级里很有归属感？"我继续问。几个孩子连声"嗯嗯"，还不断点头！

"很好！目前至少可以说明，你们对我有感情，对班级有感情，是吧？"我笑嘻嘻地问道。"必须有！"几个孩子异口同声地答道。

"好！有了感情基础，咱们接下来说事情！我听班上不少同学反馈（这个'不少'是我故意使用的，目的是保护举报的组长），说你们总是在搞卫生时逃遁，把属于自己的那份任务转嫁给他人，给他们增加了麻烦！我记得咱班的核心价值观之一就是与人为善，不给他人添麻烦！你们既然说很爱自己的班级，那为什么不认同咱班的班级文化呢？你们要知道，拿到企业上来说，任何一个企业都容不下不接受企业核心文化的员工，这类员工要么被边缘化，要么被开除！难道你们想被自己的班级边缘化？你们不想在自己班里如鱼得水般自在生活？"

我这话里有含而不露的责怪，也有绵里藏针的威胁，聪明的孩子都听得懂。果然，我把这番话说出来后，他们都很难堪。

"还有，你们口口声声说喜欢我，我怎么觉得你们所谓的喜欢注水成分很明显啊。一个人是不是喜欢对方，有一个很重要的衡量标准，那就是看他是否在乎对方的感受。你们知道你们逃遁的行为惹得其他同学不满时，我心里的感受吗？我责备不是，不责备也不是，左右为难，活得特别纠结！我们常说，手心手背都是肉，揪哪里都痛！偷奸耍滑的是我的学生，勤恳老实的也是我的学生，你们说，我该站在哪一边？如果我站在你们这一边，公平公正何在？我的威信何在？如果我站在其他同学一边，忽略你们的感受，主观臆断，你们会不会心生不满？你们看，心胸豁达、心态阳光的钟老师就被自己的学生逼成了一个左右为难、患得患失的人。

"各位扪心自问，我是否在乎你们的感受？我有没有在大庭广众之下揭穿你们？有没有不加询问就给你们下判断？有没有不分青红皂白就惩罚你们？我还特意把你们安排在这样一个相对封闭的小房间，就是不想别人知道了笑话你们。我在想尽办法照顾各位的感受，顾全各位的面子，可你们呢？有没有顾及我的感受？有没有想过我也是一个爱面子的人？"

孩子们听我说得情真意切，个个都惭愧得低下了头。说实话，每一句话都出自我的肺腑！我是这么说的，也是这么想的，更是这么做的！正是因为我平时做每一件事都尽可能站在学生的立场上去考量，学生才对我又敬又爱！我说的话，他们才能听进去，也才能打动他们。

情感酝酿到位了，事情也说得一清二楚了，那么接下来我就要亮剑了。

"我是班主任，是班级的建设者和管理者，如果我缺乏一颗公平心，每个同学都不服我，那么我就可能把这个班带到阴沟里去了，那可是全军覆没！因此，我特此警告各位，我不翻旧账，只看以后！如果你们在自个儿小组搞卫生时听从组长分配，认真搞完自己的那块区域，我无话可说，皆大欢喜！如果你们执迷不悟，继续寻机逃遁，我必严惩不贷！具体怎么惩戒，也请大家听好了！

"逃遁第一次，负责倾倒本年级的垃圾！逃遁第二次，负责清扫一栋教学楼到二栋教学楼的花园，温馨提示，落叶特别多！逃遁第三次，负责清扫整个初中部地面垃圾与落叶，温馨提示，工作量很大，很累人！逃遁第四次，事不过三，屡教不改，必定需要家长配合教育，因此只好请家长了！"

我这番话说得斩钉截铁，言辞铿锵，几个孩子竟然忙不迭地给我保证："老师放心，肯定不会逃啦，我们以前也不是故意的，就是忘记了嘛！"

我当然知道他们不是忘记了，但我不会揭穿他们！我微微一笑，竖起大拇指，赞道："跟聪明人说话就是轻松！散会！走人！"一众人等愉快地回教室了。

事后，我特意叮嘱组长，一定要提前提醒这些孩子，叫他们千万别忘记自己该做的事，要顾及钟老师的感受，不要逼老师出大招。

自此，再无逃遁行为发生，也无组长跟我辞职。可能有老师会说："你这工作也太好做了吧，说这么一番话就把事情搞定了！"但大家别忘了，这背后也是有话术的。说话前，大概要说哪些内容，怎么说，我都在脑子里捋过一遍！这世上没有不下功夫就能换来的成功，教育没有我们想象的那么简单！

三、学生总是迟到，班主任怎么说才既不得罪学生又有效果？

每天早晨或中午考勤，总会有一些敬业又较真的班主任被气得七窍生烟！为什么呢？因为总有那么几个"迟到"专业户迈着花前月下看不够的步子缓慢地进到教室。班主任用犀利的眼神射向他，他竟然看不懂班主任复杂的眼神！班主任用凌厉的语言责备他，他竟然装聋作哑毫无反应！班主任气急败坏，暴跳如雷，他还一脸惊讶，心里纳闷：这班主任怎么这么失态？有些班主任就会在心里跟学生置气：那我就来个不闻不问，你爱迟到就迟到！但如果真这样做，亲爱的班主任，班级纪律就要涣散到不可收拾的地步了！

关于迟到这件事，偶尔犯之无伤大雅，也不动摇班级发展的根本，但如果变成了习惯性行为，班主任就真的该"除之而后快"了！怎么"除"呢？

首先，班主任要通过考勤本找出哪些是初犯，哪些是偶犯，哪些是惯犯。

初犯不动他，温馨提醒即可。偶犯理解他，但要告诫他不可再犯。惯犯嘛，有些麻烦，"动之以情，晓之以理"，他们根本不吃这一套；"幽默调侃，嬉笑怒骂"，他们装作听不懂；"雷霆万钧，威胁恐吓"，他们则要心生怨恨或以牙还牙！

由此看来，还是得回到专业上来，就算不能完全解决问题，最起码也不会恶化师生关系。就如医生见到求诊的病人，总要询问病情，追问病史，分析病理，最后才能对症下药。那么班主任面对学生迟到这件事，是不是也要追问迟到的原因呢?

1. 时间观念差造成迟到

这是早期家庭教育不作为造成的恶果。这些孩子没有恶意，也无恶行，但就是会迟到。要杜绝这类孩子迟到，班主任就要走进孩子的家做家访，向家长说明情况，请求家长协助。怎么协助呢？那就是班主任针对孩子在家里的时长帮孩子制作一张时间表。孩子放了晚学后何时写作业，何时吃晚饭，何时洗澡，何时睡觉，第二天早晨何时起床，何时洗漱，何时吃早餐，何时出门上学，要将每个时间节点都明确标示出来，让家长严格按照时间表要求孩子按时作息。只要家长愿意坚持训练孩子，孩子的时间观念就会得到优化。

2. 动作缓慢造成迟到

这类孩子做事不紧不慢，个性如此，很难改变，也不必强行改变，因此不能按常规论处。如果按正常速度，孩子们要在7点出门上学，那么在同等距离的情况下，慢孩子就要在6点50出门。我把这个策略称为"提前10分钟"策略。也就是无论做什么，速度慢的孩子都不要尝试踩点，而是要"提前10分钟"，这样就能保证不迟到。

3. 意外事件造成迟到

既然是意外，就很难预料，只要孩子平安无事，迟到就迟到呗，无甚大碍。此时只需对学生说明，谁都会遇到意外，不过次数不能多，一次足矣，多次则容易被视为故意为之，很可能会失去老师的信任。

4. 思想上不重视造成迟到

有些孩子从小散漫惯了，不把人放在眼里，不把事放进心里，对于集体规则没有敬畏感，这也属于家庭教育不作为引发的问题。这样的孩子，只有让他吃亏上当他才能学聪明，老师讲再多道理于他都是左耳朵进右耳朵出。班主任要与学生事先议定惩戒措施，随后寻找契机，让这类孩子因为自身的不重视受到严厉的惩罚，这样他们就会知轻重了。

5. 预知不到"不确定性"造成迟到

出门走到半路，突然下雨又折回家拿伞，迟到了。出门走了几步，想起水杯没拿又回家拿水杯,迟到了。马上到校门口了,想起作业没装到书包里又返回家拿作业,迟到了。这些孩子都不懂得"不确定性"这个概念,因此做事准备不充分。这也需要家长对孩子从小进行"出门前的准备训练"。

6. 赖床造成迟到

尤其是冬天,还有天气突变的时候,不少孩子早晨喜欢赖床。这件事班主任鞭长莫及,只有靠家长亲自下场了。规定孩子早上6点起床,孩子又做不到的话,那就得辛苦家长亲自到孩子房间督促了。我记得我小时候赖床,我妈的做法相当"狠辣",她会直接到我房间把我的被子给掀了,掀了被子还不起床,巴掌就拍到腿上了,我只好马上来个鲤鱼打挺跳下床,效果真是立竿见影。我做了母亲,没有采用这个策略,但我承认我妈的"催早起"策略还是站得住脚的!毕竟人天生就有惰性,内力不足时,靠强力推动并无不妥。

原因找到了,策略也提供了,但班主任出面处理这些问题时总是要靠语言来传达。那么怎么说,才能把事情说到位,既不得罪学生,又能有效果呢?

1. 面对内心强大、性格豁达的学生

对于这种学生,无须刻意收敛语气的锋芒和隐藏语意的直接。只要他迟到,那就直言以告:"你迟到了!我不开心!我不接受你的行为!我不希望这种情况再出现!只要超过我的底线次数(我给每个学生一学期迟到3次的机会),必严惩不贷!"班主任完全可以放下包袱,当面陈述事实,表达感受,表明态度,提出要求,亮出底线!俗话说"明人不说暗话",就是如此。

2. 面对善解人意、与人为善的学生

这一类学生在班里都是可爱的存在,绝不会与老师过不去,迟到不是他们的本意,对他们说话时可以使用婉言,点到为止就行了。班主任说话时可以调整一下情绪,尽可能心平气和地说:"孩子啊,你一直都很守时哦,可惜这次不小心迟到了,学期全勤奖就这么飞走了,遗憾啊!今后小心点,还可以拿很多周全勤奖。"既说了事实,又表明了情感,还提出了希望。这孩子听了班主任一番推心置腹的话,心里怪不好意思的,今后会想着法儿地不迟到,即使有

万不得已的事情要耽误一阵子，也会委托家长向班主任请假。

3. 面对故意试水、试图钻营的学生

每个班总免不了有几个自以为是的"熊孩子"，他们缺乏时间观念和规则意识，每次迟到，班主任好好跟这些孩子讲，他们都点头哈腰地认错道歉，并且还信誓旦旦地保证再也不迟到了，可转眼，他们就继续上演迟到戏码。对于这类学生，我通常是疾言厉色，直言不讳地告诉他们："我讨厌这种反复迟到的行为！如果不能接受我的治班理念，就要向我提出更先进、更符合学生成长规律的好策略！如果提不出更好的建议，就必须听我的！如果不听，那么我们"道不同不相为谋"！但无论如何，我决不允许你破坏班级在学校的影响力！"班主任的态度和立场一定要鲜明果决！满腔正气和霸气，在学生面前要体现得淋漓尽致！

人，不论他是哪种性格、哪种心态，处于哪种文化背景，他服的都是说到做到、英明果决、大义凛然的高能量的人！班主任有高能，才能有高光时刻！

4. 面对伶牙俐齿、怨恨妒忌的学生

这样的学生不多，但不能说没有！他们出了问题既不感到愧疚，也不会反思自己，就一味找借口为自己开脱。我从不给这类学生讲道理，而是把主动权抛给他们，让他们自己来做自己的判官！我建议他们与我置换身份——我是迟到者，他们是老师，请他们站在公正的立场上来评定和处理我的迟到行为！当然，他们在询问我迟到的原因时，我也会找很多借口；他们在给我讲道理时，我也可以不屑一顾、置若罔闻；他们在给出处理意见时，我也可以鼻孔哼气、口喊不服。这种反其道而行之的策略可以让这类孩子产生不适的体验感，从而产生同理心与老师共情。训练几次后，他们就会有很大好转。

也有班主任不无担忧地问我，万一他用尽所有的表达形式，学生都不听该怎么办呢？我只能说，真相肯定存在，只是我们一时找不到。不过，好好说话，即便不能立即解决问题，最起码不会制造新的问题！

四、教室里凌乱不堪，班主任怎么说才能让学生保持整洁？

进到教室，放眼一看，地面垃圾随处可见，桌面书本散乱不堪，还有倒地不起的扫帚与铲子。这场面，让极其喜爱整洁有序的班主任情何以堪？既然不堪，忍不住就要发火骂人："好好的一个教室被你们搞成啥样？菜市场？养猪场？简直拉低了我的品位！"

看不顺眼就发火，发火就带刺，当时是宣泄情绪了，但是，管用吗？学生服气吗？稍有教育经验的班主任都知道，这样说话除了拉低自己的素质外，真的毫无作用！

那么，班主任进教室看到这样一个场面，究竟该如何说话才有用呢？

第一步，先观察。

班主任进到教室面对此情此景，即便心中有气也不可撒，更不可以张嘴乱评价，而是要先不带评论地观察一番，看到什么便是什么。

第二步，立即拿来工具开干，一边干一边用鼓动性和号召性的语气说："我现在需要同学帮忙，谁愿意帮助我呀？愿意帮我的就赶紧动手啊，我会很开心的哦。"

学生听到班主任这样说话，未必全都会来帮忙，但一定会有学生迅速参与其中。因为他们从班主任的话里听出了被需要的意思，并且他们的行为会给班主任带来快乐。这正是学生内心深处最需要的东西：被需要，被看重！

第三步，做前后对比的描述。

班主任在做前后对比时不可对先前的"脏乱差"进行评论，更不可因此上升到对人品的攻击，而是要不带评论地描述："我刚进教室时看到教室地面有很多垃圾，桌椅也有些凌乱，不少桌面上的书本也不整齐。"这样的描述进到学生耳朵里，就不会令学生捂上耳朵。毕竟重要的话还在后面呢，这个铺垫必须要做！班主任描述完毕，话锋一转，指着干净整齐的教室说："刚才大家帮助我把教室打扫干净了，大家前后左右看看，比之先前，是不是令人赏心悦目？"这是看得见的事实，并且还是对比出来的事实，学生怎么可能不承认呢？再不讲究的人，也愿意待在整洁有序的环境里，何况是一群朝气蓬勃的孩子呢？

经过一番看得见的前后对比，学生心里就会烙下一个信念：教室还是要打扫干净才漂亮！人还是要待在干净的环境里才活得有尊严！而尊严，必须要靠自己的双手去建立！这些道理根本不用讲，学生自己就会悟出来！什么是好的教育？就是老师创设情境，学生自己领悟！学生自己领悟并认可的人生道理，才能成为他们牢不可破的价值观！

第四步，客观地表达自己的感受。

特别提醒，是表达自己的感受，而非揣测学生的感受。此情此景，班主任声色俱厉地说道："我一进教室，就看到一片脏乱差！你们说，你们是什么感受？不难受吗？不别扭吗？不掉价吗？"请问，假如让你回到学生时代，听到班主任一连串的斥问，你会心悦诚服吗？你多半会在心里狠狠地回怼："不难受！不别扭！不掉价！"班主任表面上声色俱厉占了上风，其实是棋差一着落了下风。

但如果班主任这样说呢？——"同学们，当我兴高采烈地走进教室，看到教室地面有垃圾，桌面书本散乱，整个教室堪比菜市场，我的心情是不悦的，内心也是非常难受的。幸好我是一个积极乐观、执行力强的人，二话不说就与大家一起把教室打扫干净了，现在我的心情是极好的。万一我只有一颗感性的头脑，专业意识也比较差，说话做事不经大脑，我可能就不会考虑大家的感受，劈头盖脸地把你们骂得狗血淋头。想象一下这个场面，简直太可怕了！"

班主任这样说话，既把自己的感受客观地表达了出来，又不露痕迹地赞美了自己的理性与客观以及专业意识！学生的大脑从此就会形成这样的认知：我们的班主任遇到多大的事情情绪都很稳定，都能轻松地解决，并且不会责骂我们，他是个少见的好老师，遇到他，我三生有幸！班主任的好口碑是不是就慢慢积累起来了？

第五步，诚恳地表达自己的需要。

班主任在向学生表达需要时一定要真诚，要合情合理，万不可蛮横霸道地说："我来到教室，就是想要高兴，谁要是让我不高兴了，我就要让他永远不高兴！"这简直就是土匪语录，哪里还有教育者的真诚？

建议班主任这样向学生表达自己的需要："我这个人吧，可能太过讲究，就是喜欢每天进教室都看到教室里干净整洁，让每个同学在教室里精致地学习和生活。当然，我也希望我的同事和领导都能看到我们的努力，看到我们呈现出来的美好，为我们点赞。我希望我带的班级每个月都能因此评上'文明班'和'卫生班'，并能在学校产生积极的影响，从而使每个同学都能在校园里抬头挺胸地进出，为自己生活在这样的班级而感到骄傲！"

这是老师的需要，也是学生的需要，学生听到这些话，特别容易共情，从此将一颗真心交付给老师。这样一来，就会谱写出"师生同心，其利断金"的校园佳话。

第六步，提出合理的请求。

我特别用了一个"合理"来形容"请求"，就是怕有些班主任胡乱提要求，让学生觉得这个要求不合理，由此拒绝完成。班主任可以这样说："请还不清楚自己劳动区域的同学，利用下课时间，认真看一看班级劳动任务安排表，并把自己的劳动任务牢记于心。请班级劳动委员记得在每天下午放学时，提醒当天劳动组的组长，安排小组人员搞好班级卫生；为确保劳动区域干净整洁，在第二天早晨早读前还要提醒头天劳动组的组长，安排组员复查。还请每一位劳动组的组员,恪守自己的劳动任务,定时定点把自己的任务完成。"

学生在没有形成有序打扫教室的习惯之前,很容易忘记自己的责任,因此需要班主任反复提醒。即便是反复提醒,班主任也不要生气,而是要心平气和、慢条斯理且有序地进行提醒。班主任语气平和、缓慢,一字一顿,学生就很容易牢记在心里。

最后还有一点,在此我要特别提醒注意,那就是说完话之后应该要下的功夫。首先要反思,学生为什么会把教室搞得凌乱不堪?多半是因为安排不得当,学生不知道何所为!或者就是因为没有领头雁,学生不知道何时为!其次要做出科学合理的安排,确保每个学生都有事可做。具体安排请参看拙作《一个学期打造优秀班集体》或者《中学起始班级高效带班策略》。

五、学生损坏教室公物，班主任怎么说才能避免事情再次发生？

针对这个问题，向大家传授最简单的三步法：

1. 询问伤情，进行关怀

不管学生是有意损坏公物，还是无意损坏公物，班主任都不要急着下判断，而应先对学生进行关怀："有没有受伤啊？痛不痛啊？要不要去校医室看看啊？"

学生回应说受伤了，很痛，那就二话不说，直接送学生去校医室。哪怕明知道学生说的是假话，班主任也不要揭穿，而要揣着明白装糊涂。至于真伤假伤，医生说了算。

学生回应说没有受伤，班主任只需一脸释然地说："那我就放心了。"

接下来，班主任可以带着肇事学生走到被损坏的公物面前，与学生一起检查，一边检查一边说："咱们一起来看看这东西究竟坏到什么程度，然后想想办法看怎么修好它。"

此话一出，学生不论是故意损坏，还是无意损坏，都会长吁一口气："哎呀，老师不会怪我了。"有些班主任性子急，不善于变通，一见学生损坏了公物，第一反应就是：给我赔，或者是请家长。损坏公物要不要赔？当然要赔！有没有必要请家长？除非事情严重到班主任不能处理了，才需要请家长出面协助处理。

2. 避免责骂，引导解决

我一贯的态度就是：事情既然已经发生了，不管是有意，还是无意，都已成事实，训斥、责骂不仅不能解决问题，还会激发师生矛盾。班主任要做的就是指导学生如何一步步解决问题。

通常情况下，在查看了被损公物的损坏程度后，我会给学生提供三种解决方案：请求班主任向学校报修，自己动手维修，请他人维修。

修好了，事情也就翻篇了。如果涉及维修经费，小额度的，建议学生从自己的零花钱里出；大额度的，学生自己一时掏不出，建议学生请求父母帮忙，但要承诺用零花钱或者压岁钱抵扣。我不建议学生向同学借钱。在我的班级里，我明确要求学生不可以向同学借钱，如果确实需要借钱，可以找我。但这种损坏公物的赔偿和维修费，我是不会借的，这个问题必须由学生自己和家人一起解决。如果公物最终由学校出资维修了，那就不必让学生赔偿了。

班主任理性面对学生损坏公物之事，心平气和地指导学生一步一步解决问题，学生的叛逆之心就不会被激发。

3. 区分动机，规避麻烦

问题解决后，班主任如何引导学生今后规避这类麻烦呢？

那些无意碰到公物，造成公物破损的学生见老师不予追究，就会感恩老师，会产生很强的"向师性"，今后在行动上和学习上都会更配合老师，教育效果也会更明显。

那些明知道旁侧有公物，仍然扎堆在一旁打闹、推搡、疯跑的学生，很显然，他们对周边环境缺乏基本的风险预估能力。班主任还需警告他们："课间扎堆嬉闹，一定要去走廊、操场等相对开阔且无公共财物的地方。否则，取消课间嬉戏的自由时间。"

至于故意损坏公物，究竟有没有这种学生？肯定有！一种是明知故犯，一种是无知故犯。

▶ 如何应对明知故犯型的学生？

对于那种明知故犯，并且还特别善于狡辩、抓字眼、钻空子的学生，班主任一定要小心应对。

说话一定要慢，斟酌之后再放话。

情绪一定要稳，心平气和再开口。

态度一定要诚，情真意切避祸端。

特别提醒，对待这类学生，千万别进行价值判断，一旦班主任对其行为进行价值判断，比如无赖啊，他们就会跟老师急眼，届时耍起横来，班主任根本不是对手。我多次目睹过这样的场面，很吓人。也千万别上纲上线地对待学生的行为，有些学生的嘴皮子比老师厉害，他们顶嘴时根本不会考虑说出来的话是否合适，简直要把对方气死。更不要拿学校的处分吓唬他们，有些学生猴精得很，根本不会在意学校的处分。

我一般会这样说："我不评价你的行为是对还是错，但你的行为给我造成了很大的困扰，这是千真万确的。那么这个困扰该怎么消除呢？"

我没有发火，没有戳穿，也没有评价，更没有斥责，就是心平气和地告诉他，他的行为给我造成了困扰，我需要他给我消除这个困扰。我的语言是得体的，要求是合理的，态度是诚恳的，语气却是绵里藏针的。

学生本就不在理，我又没饶舌，他当然不会继续跟我斗。斗也没意思啊，我压根就不跟他斗，所以他只有草草收兵，老老实实地跟我说，要么赔偿，要么维修。

只要学生给出了解决方案，我会见好就收，绝不啰唆。

最后我还要说一句："损坏公物这件事并非小事，但你有承担的勇气，也有解决的策略，能在学校处理好，就不必给家长添堵了。"

不向家长投诉，不给家长找麻烦，最能赢得学生的好感。聪明的班主任遇到学生问题时，能在学校了结就在学校了结，绝不会延伸到学生的家庭。

通常情况下，不论多调皮、多嚣张的学生，在气定神闲、义正词"婉"的老师面前，都很配合。但也不排除有些学生，不论老师说什么，他都无动于衷，坚决不承认自己有错。对于这种学生，别奢望通过爱去感化他，更不要期望教育的效果，而是要尽量避免与他发生正面冲突，尽量稳住这个炸药包不随意爆炸。

▶ 如何应对无知故犯型的学生？

那种因无知而故意损坏公物的学生，有时真的会把老师搞得哭笑不得。他们犯了过失还一脸天真：我错了吗？我怎么会犯这个错误呢？对于这种学生，我会怎么说呢？

首先，我会问几个很简单的问题，目的是为后面提出要求做铺垫。我会问："你觉得老师对你好不好？"他当然会说好。我再问："你热爱我们的班级吗？"他当然会说热爱。最后再问一个问题："你希望老师一直对你好吗？"这是他巴不得的事，他当然会说好。

这里我要插两句，谁只要来我的班级访一访，就知道一定没有学生说我不好。正是因为我对学生好，每个学生都很喜欢我，我才会问这种看起来很白痴的问题。

最后，我才语重心长地提出要求："凡是教室里的东西，不论是公家的，还是同学私有的，大家都不可以去损坏，可以吗？你如果喜欢它，就去管理好它；如果不喜欢它，就离它远点，可以吗？"

对于这种认知水平较低的学生，班主任要拿出耐心，与他们好好说话。感情上要哄着，要求上要明确，原则上要硬着，心态上要等着，行动上要快着。

六 学生抗拒学校的要求，班主任怎么说才能让学生愿意遵守？

现在的学生，确实很有个性。比如德育处规定"上学期间，每个学生必须穿校服"，可有些学生就是喜欢穿自己的衣服；规定"男生头发必须做到：前不遮额头，后不遮衣领，左右不遮耳朵"，但总有少数男生喜欢把头发搞得很另类。这样一来，无疑增加了管理成本，也导致师生关系恶化，教育效果就大打折扣。

一些学生除了抗拒穿校服和剪头发外，还抗拒参加体育运动、搞卫生、参加班级活动、在升旗仪式上穿礼服、当班委干部等。也就是学校或者班主任要求他们做的，他们就偏不想做。

那么这类学生是不是为了哗众取宠，或者是故意叛逆呢？当然不能排除这个原因。但大多数孩子之所以公然抗拒，还是因为不喜欢这类事情，并且胆子够大，脸皮够厚，规则意识薄弱。

对于这类学生，班主任该怎么与他们沟通，才会让他们给老师面子，配合学校的要求把事情做好呢？

首先，不要对学生的抗拒行为随意下判断和贴标签。

比如："你就是吃饱了撑的，一天闲得没事就给我惹事！""你就是脸皮厚，不以为耻，反以为荣！""你就是不守规矩，没家教！""你就是缺乏班级荣誉感，是个班级害虫！""你就是不省心，天天折磨我！""你一天不捣乱都活不下去了，是吧？"这些带有强烈攻击性的评价性语言，是我在做班主任培训时，听课的班主任们自我反思时说出来的，还说这就是他们的日常教育语言。班主任们上初中时就懂得了"己所不欲，勿施于人"的道理，但是等自己做了教师，竟完全忘记了这个道理，变成了"己所不欲，施于人"。换位思考一下，你不过就是与别人有了不同的想法和做法，并没有对他人造成伤害，在别人眼里就如此不堪，你会不会特别难受，然后特别抗拒？

其次，用"接受"的心态与学生说话。

当学生出现了抗拒行为时，班主任首先要将心态调整到"接受"的模式。当你拥有了"接受"的心态模式，你说话的时候就会变得客观。对于学生的抗拒行为，我一般会这么说："你能告诉我，你为什么不喜欢这样做吗？你把真实的原因告诉我，我才能站在你的立场上为你争取最大的利益啊。"

我首先是问对方原因，没有评价，学生对我的问话就不会抗拒。其次，我表明了愿意为学生争取最大利益的态度，说明我与学生是站在同一个生命场域里的。先不说学生对事很抗拒，至少他们目前对我这个人不抗拒。只要学生不抗拒我这个人，话就可以继续说下去了。

学生会告诉我，抗拒穿校服，是因为觉得校服不好看；抗拒剪头发，是因为觉得按照学校要求剪的头发显得人很丑；抗拒穿礼服，是因为觉得周一有体育课，穿礼服不方便；抗拒参加体育运动，是因为自己跑不动，很累；抗拒做班委干部，是因为自己没有威信，管不住人，胆子小，不敢在大庭广众之下说话；抗拒搞卫生，是因为在家里从没做过卫生，觉得搞卫生很烦人；抗拒参加班级活动，是因为自己不合群，喜欢安静。

看看，当我们用"接受"的心态模式与学生说话时，学生就会把事情背后的原因如实相告。那么班主任听了学生的诉求之后，是不是就要置学校的规则于不顾，完全尊重学生的想法，任由学生为所欲为呢？当然不可以！既然规则是约束整个学生群体的，那么生活在群体中的每个个体，都必须遵守！凭什么大部分学生必须遵守，小部分学生要搞特殊呢？规则面前，人人平等！这话不是说着玩的，而是要渗透到学生的价值体系里去的。

再次，与学生一起分析利弊，帮助他们学会两害相权取其轻的选择法。

男生说不喜欢剪头发，就是要留个另类的发型心里才舒服。班主任只需要笑着说："好，理解，年轻人喜欢新潮，喜欢另类，很正常。咱们现在就剪头发的利弊来做个分析，再做定夺，如何？"

按照学校要求剪头发的利： ◎ 不会被级长请去"喝茶"； ◎ 不会被班主任责备； ◎ 不会导致班级被扣德育积分； ◎ 不会被强制去剪个更难看的发型； ◎ 学校不会通知家长； ◎ 不会被同学议论。	VS	按照学校要求剪头发的弊： ◎ 可能剪出你不喜欢的发型； ◎ 不能凸显你的个性。
无视学校要求剪头发的利： ◎ 可以留你喜欢的发型； ◎ 可以张扬你的个性。	VS	无视学校要求剪头发的弊： ◎ 被级长记名，并被请去"喝茶"； ◎ 导致班级被扣德育积分，自己被班主任责备； ◎ 学校通知家长带你去理发店剪头发； ◎ 学校德育干事亲自带你去理发店剪个更难看的发型； ◎ 使得其他遵守规则的同学不满。

通过对比，我们就从两个角度得出了相同的结论：按照学校要求剪头发利大于弊！不按学校要求剪头发，弊大于利！利弊权衡，应该选择剪头发！这跟

喜欢和不喜欢没有关系，而是一种理性的选择思维。一个人，只有学会了理性选择，才能走得更远！剪头发如此，做其他事情均如此！

然后，教给学生折中法。

有些事情，按照要求做，别人高兴了，但自己不高兴。那么有没有两全其美的做法呢？只要善于动脑，大多数时候是可以的。比如剪头发这个事情，我就帮学生做到了两全其美、皆大欢喜。"少侠一班"的C同学，曾经相当抗拒剪头发，我用"利弊权衡"法说服了他剪头发，然后亲自带他去理发店，把学校要求以及他本人的意愿向理发师陈述了。我请理发师在考虑学校要求的同时，结合年轻人的心理特点，给他设计一款既符合要求，又显得洋气，并且精气神十足的发型。理发师端着C同学的头审视了好一阵子，然后拿出剪子，嚓嚓剪了一个相当漂亮的发型。当我带着C同学回到教室时，全班同学都发出了"哇！好帅啊"的艳羡声，甚至还有学生问我，C同学是在哪家理发店剪的，他周末也去那里剪。针对周一早晨在升旗仪式上抗拒穿礼服和皮鞋的孩子，我就建议他们专门准备一个环保袋，把校服与运动鞋装进袋子里，等升旗仪式结束后，立即去卫生间换回来。这样既不影响升旗仪式的着装，也不会导致体育课不方便。习得这种折中思维后，面对很多事情时，学生就不再抗拒了。

最后，引导学生分情况办事。

班主任要告诉学生，有些事情，是针对群体的要求，即使我们并不喜欢做，甚至有时还会损害到自身利益，也要配合完成。世间很多事情都很难用对错来划分，但是，不给别人带来困扰，这是最基本的价值观，也是做人的底线。有些事情，不是群体性的，也没有规则要求，如果自己确实不喜欢，那就尊重自己的内心，把机会让给别人，自己退到一边热烈鼓掌。比如抗拒做班委干部的同学，如果实在不想做，就不必勉强自己。这个世界上的事情有很多，多到我们一辈子都做不完，选择自己喜欢做的事情，认真地、用心地做好，比什么都好！

第三辑
日常相处怎么说（上）

一、学生对班主任有误会，班主任怎么说才能消除误会？

某天早读课，我喜气洋洋地去教室带学生早读。突然，一个女孩气呼呼地旋风一般从我面前冲过，冲过后还特意扭头朝我狠狠地瞪了几眼。

我一脸不解，纳闷地看向她，希望她能给我一个解释。但她没有，只是气呼呼地坐在座位上，故意把语文教材在课桌上拍打了几下。

我不了解情况，不便说话。再看她情绪很激愤，我也不便询问什么，万一引爆她的炸药包，届时把自己搞得灰头土脸，那就糗大了。

于是我把心思放在指导学生早读上去了，学生们也都很配合，读得很有激情。唯独这个女孩，把头趴在桌面，整个早读课，一句都没跟着读。我装作没看见，没有理会那个女孩。我知道，她负面情绪上头，我若理会她就是火上浇油，我可不愿意做这个助燃者。

课后，我找她的闺蜜询问了缘由。女孩的闺蜜告诉我，女孩的父亲怀疑她早恋，她解释说自己根本就没早恋，结果她的父亲振振有词地说："你没早恋？别骗人了，你班主任亲口告诉我，说你在早恋，还被抓了个现行！"

女孩原本非常佩服我，没想到我竟然无中生有，捏造事实。这哪里是什么家校共育？简直就是无端生事，这老师人品有问题！

我在女孩心里成了一个人品有问题的老师，并且是从一个有口皆碑的好老师突然垮成一个人品有问题的老师。女孩既怨恨我破坏她在父亲心里的形象，又悔恨自己眼瞎看错了人。

我听完女孩闺蜜的话后，心里很不是滋味。我一心一意为学生付出，没想到被学生家长坑了，把我的人品都坑坏了。我虽是女流之辈，但也有豪侠气派，说什么，做什么，从来都是光明正大，绝不是无中生有之徒！

我被学生深深地误会了，该如何说，才能解开学生的心结，恢复学生对我的信任呢？

这件事的"始作俑者"是谁？很显然是女孩的父亲！他为什么要当着女儿的面捏造我亲口告诉他女孩早恋的事呢？所谓"解铃还需系铃人"，我要消除女孩对我的误会，非得找女孩的父亲出面替我澄清不可。

我拨通了女孩父亲的电话，用特别委屈、特别无助的语气说："老崔，今天早晨你家女儿整整一节课都把头趴在桌面上，自始至终都没开口，我特别担心，想要询问她原因，但她眼里充满了厌恨的目光，我搞不懂自己哪里把她给得罪了。我带班几十年，深知关系大于教育。现在你家女儿对我十分抵触，我说什么都没有用，长期下去，你女儿成绩肯定要受影响了！你说，这事该怎么办？"

我这么一说，家长马上就醒悟了，赶紧给我道歉，说女儿这般态度，肯定跟他故意捏造老师的话诈女儿早恋有关。

那么老崔为何要诈女儿早恋，并且还把我抬出去吓唬女儿呢？原来他有一次看见女儿跟一个男孩并排走在一起，有说有笑，关系看起来特别亲密，就差手拉手了。他就这么一个女儿，一门心思要培养她成才，哪里接受得了女儿早恋，于是就给女儿打预防针。哪知道女儿死不承认，他就捏造了我亲口告诉他女孩早恋，并且还被抓了现行的谎言。

我说："老崔，你原本是想把女儿培养成才，可是现在你女儿不学习了，你的想法被现实击得粉碎！你若想你的女儿恢复原状，就要勇敢承认你的错误，在女儿面前为我洗清冤屈，并且当着你女儿的面给我道歉！不然，你女儿把所有的时间与精力都拿来恨我，她的心里就再也装不下学习这件事了！"

我选择了老师这个职业，就不怕被学生误解。再说我是一个成熟理性的班主任，怎么可能因为学生的误解就心生不满呢？真正受害的却是孩子，因为孩子的自愈能力很弱，她每天坐在教室里，听着她讨厌的老师讲课，看着她讨厌的老师进出，心里这道坎很难迈过去，每天都在受折磨，哪里还能安心学习？

老崔被我说得如热锅上的蚂蚁，不断给我道歉，还说下班后立即到学校当着女儿的面解释清楚，并当面给我道歉！

搞定了父亲，接下来就要找女孩说这件事了。那么，我要怎么说，才能令女孩放下对我的成见呢？

我事前询问了老崔到学校的具体时间，估摸着老崔快要到学校了，才约谈女孩。

女孩当然是气冲冲地看着我，一语不发。我微微一笑，说："以前你亲近我，敬爱我，有心事也愿意与我倾诉，为何现在视我如仇敌呢？"

女孩鼻子一哼，很不屑地说："你自己清楚！"我仍然笑着说："你都没告诉我发生了什么事，我怎么会清楚呢？就算要判一个人的刑，也得告诉那个人他犯了什么罪呀。你都没告诉我事情的原委，没有给我解释的机会，就在心里认定我干了什么事，这对我不公平！"

女孩低着头，既不告诉我原委，也不做其他解释。我估计她心里既不相信我会说那样的话，又不相信父亲会说假话，她很纠结，不知道父亲与老师，哪一个在说假话！

如果有家长在读这篇文章，千万别学文章里的父亲啊。他的随口一说，不仅置老师于不仁不义之地，还把女儿打入心狱。原本和谐美好的师生关系，被他捏造的话语破坏殆尽。

我可以很自信地说，这个女孩遇到我是幸运的！因为我是一个教育敏感度很高的班主任，我能及时觉察到学生的情绪，并且不会轻易评判；我的行动力很强，能及时去了解事件的真相，并做出恰当的处理。

女孩的父亲打电话给我，说已到学校门口，请我给门卫说一声，他才能进来。

我让女孩坐下来，真诚地说道："虽然你不愿意对我说出实情，但我不怪你，毕竟那个人是你父亲，你选择相信他，很正常！这也说明，老师的可信度还不够，以后我会努力做得更好！实话告诉你，我请来了你的父亲，真相在他那里，你且听他怎么说，再判断我的人品！我有问题，我改！你有问题，你改！你父亲有问题，他改！知错能改，善莫大焉！"

等我把这段话说完，女孩的父亲就到了。我笑着招呼他："老崔，等你救命啊！你可是把我们师生两个虐惨了！"

女孩看到父亲，有些吃惊。老崔看到我，很是尴尬。我说："你们父女俩的事，你们自己聊，我就不参与了，我去教室做点事，等你们聊明白了，小崔来教室找我即可。"

一会儿，小崔就来教室找我了，满脸笑意，一上来就拉着我的双手，不停地给我道歉："老师，对不起，对不起！"小崔的父亲也当着女儿的面向我表达了歉意，师生之间的误会彻底解开。

这件事说大，很大，它让学生的精神世界几乎坍塌；说小，也很小，我可以忽略不计。但我必须要澄清这个误会，因为在我看来，但凡关乎学生成长的事，都是大事！

我之所以能不费吹灰之力就把这件事处理得很圆满，主要是因为我完全站在学生的立场上，不气不恼，不吼不叫，不责不怪，心平气和地与家长和学生交流！

二、学生不尊重甚至辱骂班主任，班主任怎么说才能化解尴尬？

身为人师，无论你的工作做得多么漂亮，也不论你对学生多么关心，你都可能被学生有意或无意地骂过。那么，你被学生骂了之后，需要怎么说，才能既不失教师的风度，又让学生认识到自己的错误，并心生惭愧，进而改正自己的错误呢？

首先是摆正自己的心态：既然选择了教师这个职业，就免不了和学生产生矛盾。具备这种心态的教师，在遭到学生谩骂时，不会暴跳如雷，也不会觉得自己的自尊心受到了严重的暴击，而会马上冷静地告诫自己：问题既已产生，那就解决问题，而不是滋生新的问题。紧接着就会分析自己被骂的原因，找到正确的表达方式，这样既能为自己挽回面子，也能帮助学生改正错误。

其次是把问题放在一个理性的思考状态下来分析，然后用客观的语言表达出来，从而把伤害降到最低，规避两败俱伤的局面。具体怎么说、怎么做，需要视情况而定。

1. 学生故意叫班主任的名字

学生背地里叫班主任的名字，恰好又被班主任听到。此时班主任怎么说，才能既避免自己的尴尬，又让学生认识到他们的错误呢？

学生为什么会叫班主任的名字呢？究其原因无非有这么几种：学生没大没

小，没把班主任放在眼里；学生认为自己跟班主任是平等的，叫一下名字也无所谓；学生对班主任缺乏尊敬感；学生对班主任没有依恋的感情；班主任在学生面前没有威信；甚至对有些学生来说，根本就没有任何原因，只是顺口叫了一声班主任的名字而已。

对于这种情况，我的做法就是：讲个故事，不予深究。

曾经有学生装作不经意地叫我的名字，但是又故意让我听到。我心平气和，微笑着对那个孩子说："你是不是对我的名字特别好奇？一个女老师，怎么会取一个特别男性化的名字呢？我这个名字呀，背后有一个特别有趣的故事，你想不想听呢？"

那个孩子既不好意思说不想听，又不好意思说想听，左右为难地站在那里，异常尴尬。

我故意忽视他的尴尬，饶有兴趣地给他说我名字的故事："其实我本来不想取'钟杰'这个名字的，我想取的是'钟洁'，'洁净，洁白'的'洁'，这样就显得女性化了。我入学报名的时候，我的老师大笔一挥，就给我写成了"钟杰"。我那时不识字，分不清"洁"和"杰"。等我能区别这两个字，去找老师给我改名时，我的老师不给我改，还说"杰"字好，人杰地灵，自带刚气，今后肯定有出息。我现在觉得我的名字挺好的，虽然我算不上特别杰出的女性，但我承认我是一个有出息的女性，我的言行和我的价值，都配得上这个名字！"

我笑眯眯地讲完这个故事，拍了拍那个孩子的肩膀，温和地说道："如果别的同学也好奇我的名字，你就帮我把这个故事讲给他们听，好吗？"

自那以后，就再也没有学生明里暗里叫我的名字了。即使他们要叫我的名字，我也泰然处之，听之任之。反正我就叫那个名字，行不改名，坐不改姓。我的名字不就是拿给别人叫的吗？这有什么好大惊小怪的！

2. 学生当着班主任说脏话

学生在班主任面前嘴巴不干净，一口一句，我×，我×。听着这些别扭堵心的话，班主任怎么应对才能既不失身份，又达到有效批评的目的呢？

学生为何喜欢骂骂咧咧？有些学生骂人纯属有口无心，脏话是挂在嘴上的不良口头禅，或者是为了在人前装酷、装老大。还有些学生生长的人文环境恶劣，经常有脏话入耳，因此养成了一种不良的表达习惯。更多的学生则是因为自己的权益受到了侵犯，或者心情不爽想发泄。

对于此种情况，我不会苛责，只讲感受。

曾经有学生在我刚把话说完时，就接我的话头说脏话，旁人一听，都觉得他在骂我。此时我宁愿选择相信学生并非故意骂我，也不对其进行严厉的呵斥，而是很诚实地把我的感受告诉学生："你刚才说这种话让我极度不适，我虽然不确定你是在骂我，还是在骂别人，但我亲耳听到你当着我的面说脏话，就很容易把自己当成一个受伤者，心里就会生出怒气！我没有呵斥你，不等于我不生气，只不过我是个成人，能管理好我的情绪，不跟你一般见识罢了！"

说完感受后，我也会对学生提出要求，语气强硬但不生硬："我希望这种情况在我这里是最后一次，我不接受他人在我耳根前说脏话这种行为！"

3. 学生因为自身原因无意骂人

学生因为自身原因，比如考试失利、比赛失败、人际关系受创、莫名其妙心情郁闷而骂了人，恰好又触及了班主任的底线。这时，班主任该怎么说才能解气，又不会恶化师生关系呢？

有一次课间，学生相互之间玩水弹（拳头大小，类似气球里装满了水，扔到身上就会爆炸，流出一摊水），玩得特别没分寸。我提醒他们不要再玩，其中一个学生特别不爽，开口一句："我玩我的，关你屁事，×你妈！"

这句话当然很严重，它所输出的意思已经严重超越了我的承受底线，但我不会采取以牙还牙的策略。我是个老师，就算别人不用师德绑架我，我作为一个成年人，也应该有基本的理性。当然我也不会就此作罢，学生骂得如此难听，我要是和颜悦色一声不吭，那我就丧失了一个师者的尊严与底线。

我指着那个骂我的学生声色俱厉地说道："你刚才骂了我，我暂且不管你出于什么原因，你必须给我道歉！不然，我定会追究到底！"说完这句话后，我逼视着那个学生，简单干脆、不容置疑地一字一顿道，"道歉！"

那个学生在我凌厉的逼视以及简短有力的要求下，不得不低头给我说了一声对不起！

学生说完"对不起"，就想溜走，我堵住他，心平气和地说："对不起！我虽然接受了你的道歉，但我还没尽到一个教师的教育责任，所以，你还不能走！"

学生被我挡着走不了，脸上有些挂不住。我没有理会他的情绪，而是拿出教育者的姿态，故意语重心长地说："请问你今天为何要骂我呢？"学生辩解道："我没骂你！""可阻止你们玩水球的人是我啊，你不是骂我是骂谁呢？"我问道。学生说："我就是心情不好，想骂人，没有特定要骂谁。""这么说来，我今天是运气不好，正好撞到你的枪口上了？"我看学生开始服软，也准备撤退。学生赶紧点头应承。我趁势说道："化解不良情绪的方法有很多，比如打球、跳绳、跑步、打空气等，唯独骂人是下下之策。今天你遇到的是一个受过教育且理性的成年人，算是侥幸过关了。如果你遇到的是一个炮筒子，你这炸药扔过去，炸到别人的同时，你也逃不掉，两败俱伤，你知道吧？"

学生的态度一下子就柔软起来了，主动跟我说了一声，老师对不起。我看目的已经达到，也就不再追究，手一挥就放他走了。哪知道那个学生在转身离开之前竟然给我鞠了一躬，且事后对我特别客气尊重。

4. 学生恶意辱骂班主任

有些学生会恶意辱骂班主任，比如在办公桌上刻字——××就是个傻×；还会在厕所门板上刻字——××你去吃屎吧；也会通过写小纸条给班主任取绰号，恶意描绘班主任的外貌，对班主任的身体进行语言攻击；甚至还会在网络上开小号，揭班主任的老底，对班主任进行各种负面评价。遇到上述情况时，班主任该怎样说呢？

这些都是刻意的、带着恨意的辱骂。任谁遭到这样的辱骂，心里都堵得慌，恨不得把这些骂人的学生抓出来狠批一顿。这样做虽然解气，也貌似在为自己的尊严而斗争，但不能解决问题，说不定还会滋生出更多的问题，造成师生矛盾和家校矛盾。

虽然我在教育生涯中没有遇到过这样的辱骂，但我能体会那些被学生辱骂的班主任的心情。虽然我在情感上能感同身受，但是在理性上，我不支持遭到学生辱骂的班主任用同样拙劣的方式去辱骂学生。

学生辱骂班主任当然大错特错，他们应该为自己的错误行为付出代价。班主任在维护自身尊严的同时，也要考虑到对方是未成年人，心智不够成熟，处世不够老练。

那么，班主任在遭到学生恶意的辱骂时，究竟应该怎么说、怎么做呢？

首先要调整好自己的情绪。被学生辱骂确实是件特别丢脸、特别令人难受的事情，但事情已成定局，只能大事化小，小事化了。班主任只要秉持解决问题的认知方式，就不会恶化自己的情绪。

其次，要坐下来冷静地分析。为什么学生会骂自己呢？事出必有因！班主任被骂固然难受，但也得反思自己的问题，必须扪心自问：我究竟错在哪里？

最后，待自己的情绪彻底平和，被骂的原因也找到了，就要与学生面对面来处理这件事情了。

班主任在与学生交流这件事情时，表述要客观，用语要克制，所有评价性的语言、赌气的语言都不要出现。班主任可以这么对辱骂者说："你辱骂我，我非常生气，我对你的行为不接受，我要求你必须给我道歉。道歉有口头上的道歉，还有书面上的道歉。道歉的态度必须诚恳，否则我绝不原谅你！"

如果学生认错态度好，又及时给班主任道歉了，这件事就应该到此为止。

如果被辱骂的班主任觉得自己会因此在其他学生面前丢脸，威信全无，那么班主任也可以当着全班学生言说这件事情，为自己扳回一局，但是表达一定要客观理性："××同学辱骂了我，致使我的身心受到严重的伤害。不过，××同学已经认识到自己的错误，也很诚恳地给我道歉了，并表示今后一定会改正这个错误。作为一个普通人，我确实不能原谅××同学的所作所为，但作为一个老师，我拥有师者的宽阔胸怀，具备师者的专业态度，不会去跟一个已经认错道歉的学生计较。今天我把这件事情告诉大家，是希望其他同学能引以为戒，有事说事，有情抒情，不要随便骂人。这件事情说完就到此为止，彻底翻篇，我不希望其他同学还拿这件事来说事。"

不卑不亢，不疾不徐，拿捏得刚刚好，既批评了辱骂者，又敲打了那些跃跃欲试者，还体现了自己的大气与格局，威信不降反升。

三、学生挑衅班主任，班主任怎么说才能不失身份？

学生挑衅班主任，班主任怎么办？我的建议就是，班主任务必要管理好自己的手脚、嘴巴以及情绪，恪守一个教育者的原则。这个原则就是：既不能动手殴打学生，也不能动嘴辱骂学生。

这样说来，班主任岂不成了弱势群体，任由学生挑战班主任的底线？当然不是！解决问题的方法有很多，但我不支持武力和辱骂。再说了，教师不论学历、经历、阅历，都远超学生，并且承担着传道授业解惑的职责，不管自己多占理，只要殴打和辱骂了学生，就毫无道理。

我先说一个我被学生挑衅的故事吧，或许能对愤愤不平的班主任有所启发。

有一天课间，我亲眼看见外班一名男生在我班教室外戏弄并用力推搡我班一名学生。说实话，我当时很生气，但我深知自己是教师，受过专业训练，必须要做到"喜怒不形于色，好恶不言于表"，于是敛气柔声地说道："我看你戏弄××同学两次，推搡三次，他都选择了忍让。可我这个班主任看了心里难受，现在趁我还没有动怒，请你回自己班，今后不要随便到我班外面玩耍！"

我话音一落，那名男生快速跑到离我大概10米的一棵树下站定，举起食指朝我一勾，挑衅道："看不惯我，你就来打我呀！来呀！"

原本四处玩耍的学生，听到挑衅者的声音后顿时聚拢了。他们不可置信地望着挑衅者，同时也满眼疑惑地盯着我，我自己的学生则是不知所措地看着我。

我知道，我若不出招，必定令挑衅者更加狂妄，令我的学生大失所望，当然，也会令我在学生面前威信尽失。但我若被心中的怒气支配，就会口出恶言失了教师的身份，也会被现场的学生小看。

于是我快速地把我的情绪调整到心平气和的状态，克制而缓慢地说道：请问你有我的学历高吗？有我的经历丰富吗？我就算要打人，那个人也得与我旗鼓相当吧。你，还是一边去吧！若干年后，你若人生大成，尽可以放马过来！届时我们再找个地方坐而论道！谁输谁赢，各凭本事！

说完，我向我的学生们一招手，脆生生地喊道，回教室！学生们"耶"的一声叫了出来，然后掌声雷鸣，簇拥着我回了教室。自那以后，那个挑衅者再也没到过我班教室外面来戏弄和推搡我的学生了。

如果是自己授业的学生向自己发出挑衅呢？比如挑衅者突然说："我不怕你！你敢把我怎么样？"班主任是不是可以趁机"收拾"挑衅者一顿？当然不妥！不管何时何地何种境况，班主任都要守住"不可辱骂和殴打学生"的原则。但班主任绝不可以当作没事发生！如果任由此不良风气滋长，别的学生就会效仿！那么怎么回敬挑衅者才可以既不失教师身份，又能令挑衅者无语败北，还能令其他学生不敢效仿呢？

1. 突显优越，高调回应

班主任务必要摆出四两拨千斤的姿态，轻松地回敬道："你当然不用怕！我是光荣的人民教师，爱护学生是我的天职！我也不会把你怎么样，依法执教是我的职业准则。再则，我一个理性成熟的成年人，哪有心思跟一个未成年人置气？"

这句话的潜台词就是：我跟你完全不在一个认知层面，不跟你一般见识！挑衅者立马就会偃旗息鼓，其他学生也会敬佩老师的气度。

2. 以子之矛，攻子之盾

班主任接住学生发来的招，顺势送回去，幽幽地说道："那你想怎样呢？是打算骂我，还是打算揍我，抑或是背后诋毁我？不过我得提醒你，不管你用哪一招，只要你出招，你就输定了！重则，法律会制裁你；轻则，道德会谴责你！如果你有良知，你自己也不会放过自己！"

这句话的意思就是：不管你扔多少矛过来，我就只负责把矛给扔过去，戳来戳去，戳到的都是你自己。

3. 幽默调侃，轻松化解

比如挑衅者突然说："我不怕你！你敢把我怎么样？"班主任不妨笑着调侃："问题是我怕呀！我怕上热搜呀！我怕成顶流呀！我又不打算成名人，不想赚流量。"

班主任成功地回怼了挑衅者，是不是就到此为止了呢？如果这个挑衅者是外班学生，事后你可以将事实客观地陈述给挑衅者的班主任，提醒挑衅者的班主任寻个适当的时机告诫他的学生做个客观理性的人，不要轻易挑衅他人。"祸从口出"这个成语在汉语里存在了近2000年都没消失，就说明乱说话很容易惹祸，因此我们要学会慎言，也就是谨开口，慢开言。

如果挑衅者是自己授业的学生，你更要在事后找学生促膝长谈，真诚地提醒学生不要随便挑衅他人。挑衅虽然可以逞一时之勇，但那只是匹夫之勇，头脑简单的勇，结果不是给自己带来风险，就是让别人看笑话。

被挑衅者如果是个急躁粗暴的人，禁不住语言的挑衅，就会如挑衅者所言冲上去暴打他一顿。施暴者当然会受到惩戒，但挨揍者白捡了一身疼痛，并且还特别丢脸，两败俱伤，谁都讨不了好，划不来。

被挑衅者如果是个牙尖嘴利、得理不饶人的人，被挑衅者的话一刺激，就会不依不饶，骂得挑衅者无缝可钻，挑衅者丢脸不说，还伤心。

就算被挑衅者胆子稍小，被挑衅了还不敢吭声，挑衅者貌似赢了，但旁观的人会怎么评价呢？他们会认为挑衅者以强凌弱，甚至会将挑衅事件定性为校园霸凌。

最后，站在育人的角度，我想说说挑衅者的心态。大家注意观察身边那些喜欢挑衅他人的学生，是不是性格急躁，不善言谈？是不是人缘不佳，做事效能感差？是不是不守规则，喜欢钻空子？一个对生活、学习、人际都有掌控感的学生，是不会轻易挑衅他人的。因此，班主任除了用合适的语言回应挑衅者外，还需要帮助学生成长为一个身心健康、人格健全的人。

当一个人内心强大，价值观正确，富有同理心，他就能听进别人的建议。即便对方的建议说得不够漂亮，他也不会轻易动怒，更不会主动挑衅。

四 学生骂了老师，但老师有错在先，班主任建议如何善后？

　　一个八年级的男生，上课与同桌说话，经老师提醒之后还继续说话，于是老师很生气，用书拍打了男孩一下。老师一转身，男孩破口大骂，骂完还不承认。老师特别委屈，中午回到宿舍还痛哭了一阵子，加上同事还故意问她是不是被某班学生骂了，她更是觉得没面子。这位老师说，她才刚毕业当老师，就遭到学生辱骂，感觉自己威信尽失，想请家长来学校协同教育，但又不知道如何与家长说。学生骂人肯定错了，但是老师先动手，导致了事态的进一步发展。那么这位老师该如何善后呢？

　　我的建议是，坚决不请家长来学校，甚至都不要向家长提起这件事。

　　把家长请来学校怎么说呢？"因为你家孩子上课讲话，所以我就用书拍打了他，于是他就对我破口大骂。我的心情很沮丧，需要家长安抚。我的尊严受到了践踏，需要学生向我道歉。我在学生群体中的威信也下降了，需要你家孩子当众给我道歉为我挽回颜面，在同学面前给我提升威信。"难道可以这样说吗？

　　如果你是家长，听到这几句话会不会气不打一处来？会不会很不友善地回道："学生上课讲话固然不对，你身为老师是该批评教育他，可你拿书去拍打学生，这是恰当的教育行为吗？你作为成年人，竟然跟孩子置气，这也太不成熟了吧？怎么说也是个老师，为人师表呢？"

在此种情况下把家长请到学校来，不仅得不到家长的支持，还会恶化师生关系，滋生出更多的问题。

从解决问题的角度来说，最好的办法就是挨骂的教师主动去找学生私了。说到这里，很多老师就会不服气："这么说来，老师岂不是被学生白骂了？老师就该被学生骂？这世上还有公理吗？"老师当然不能被学生白骂！老师要做的是，把劣势转化为优势，把事故变成故事，把围观的学生变成自己的铁杆粉丝。那么老师需要怎么说，才能腾身一跃，化险为夷呢？

首先，主动请求和解。

直接找到骂人的男生，不管他高兴不高兴，搭话不搭话，只要他不转身离开，不捂耳朵，老师就可以开口对他说："我打了你一下，你也骂了我，我们扯平了。和解吧，好吗？"

有些老师心里过不去，觉得自己被学生辱骂了，还主动找学生和解，这也太掉价了吧！其实这无所谓掉价不掉价，谁叫我们是成年人呢？成年人不主动，难道还能指望一个未成年人主动？

其次，真诚表明态度。

不管那个男生愿不愿意和解，老师都要用态度告诉所有人："我愿意和解，并且我已经原谅他了！我的课题已结题，至于对方的课题能否开题那是对方的事，我管不着！"

老师的心态如此洒脱，就已经在气势和舆论上赢了。那个骂人的男孩即使心里有不满，也不敢轻易发作。

此时，老师要抓住有利的时机进一步发挥，从感情上把全班学生的心牢牢抓住。那么怎样才能抓住学生的心呢？

只表达情绪，不表达观点！我会这样说：

同学们，我是一个新老师，不得不承认，在很多方面还是一个菜鸟。我想把每件事都做好，但总是事与愿违。扪心自问，我喜欢我的工作，也真心喜欢我的学生。我费尽心思想把自己的学生教好，或许是我太心急了，所以在课堂上遇到干扰我教学的行为时，我就显得很急躁，处理方式不太恰当，导致××同学当场辱骂我。

我一个女老师，从小被父母捧在手心里，他们不要说骂我，连重话都不曾说过。读书时，同学喜欢我，老师器重我，我不曾受过半点委屈。没想到我做了老师，竟然被最在意的学生辱骂了。我这心里，真的是好痛好痛。

大庭广众之下，我被学生骂了，我生气吗？很生气！我难受吗？很难受！我在同事面前丢面子吗？非常丢面子！

但是，我是教师！我既然选择了这个行业，就必须承受这个行业带给我的困扰。我必须提高自我消化、自我疗愈的能力！我是一个成年人，并且受过专业训练，我必须对自己的教育行为进行自我反思。

我承认自己缺乏理性精神，在××同学干扰我正常教学时，打了他，这个行为确实错了！我保证这种错误的教育行为在今后的教育生涯中不会再出现。我在这里当着所有同学的面真诚地给××同学道歉！

××同学，我确实错了！不管你接受还是不接受，我都要道这个歉。

情绪表达了，错误承认了，歉也道了，围观的学生既感动，又佩服，对老师必然会刮目相看。自己将丢掉的面子捡起来，并拾掇干净，不仅无损自己的威严，还会威信倍增，彻底转败为胜。

老师弯腰承认了错误，还要抬头为自己讨回尊严。接下来，老师要不卑不亢地当着全班学生说：

被学生辱骂，即使我很不开心，但以我的职业修养，我也绝不会怨恨他，不过我坚决不接受他辱骂我的行为！有一天，他想通了，向我道歉，我会欣然接受。但他若一直想不通，不给我道这个歉，我也不会耿耿于怀。

从现在开始，我会努力修炼自己，成为更好的老师，但我也希望同学们能遵守学生的本分。你们可以不喜欢我，但必须要尊重我。这一次是我处理得不恰当，我自己酿的苦酒我自己喝，但如果今后有同学无故骂我，我定会不依不饶！我是教师，担负着教书育人的责任，但也绝不跪着教书！

老师在说这番话时要做到绵里藏针，旨在告诉学生："我有错，我愿意付出代价！但谁若再践踏我的尊严，我也是不同意的！"

最后我还要特别提醒年轻的教师，不论学生做出什么行为，你都不要随意进行价值判断，不要动嘴责骂，更不要动手拍打。尤其是青春期的学生，他们都很敏感，你若不知轻重，踩踏了学生的边界，触碰了学生的禁忌，就很容易造成两败俱伤的教育事故。

五 学生不喜欢与老师打招呼，班主任怎么说才会让学生变主动？

学生为什么不喜欢与老师打招呼呢？归纳起来无非有下面四点原因：

◎ 胆小，害羞，看见老师就紧张，不敢跟老师打招呼。

◎ 曾经被老师伤害过，心中对老师怨气未消，不屑于跟老师打招呼。

◎ 生性冷淡，对老师毫无依恋之感，也无尊敬之意，懒得跟老师打招呼。

◎ 不懂人情世故，也不具备社交意识，不知道要跟老师打招呼。

不管学生出于哪种理由不跟老师打招呼，老师都没必要强求，更不可以对学生不打招呼的行为进行价值判断。

在成年人的世界里，喜欢打招呼的人更受欢迎，因为在那个被招呼的人看来，对方招呼他就是在向他释放善意、表达好感。

我们所包容的学生，早晚都要长大。他们在未成年时若没有接受"成为一个成年人"的训练，必将遭受社会的"毒打"。他们如果在学校被老师过度理解和尊重，就会认为这一切都是应该的，当进入社会时，才发现一切都不由自己说了算。他们看到了一个真实的世界，心理落差特别大。有些孩子会迅速调整心态，从应然走向实然，变得成熟起来；有些孩子沉浸于应然不能上岸，就会成为一个与周围环境格格不入的人。

因此，即使我根本不在意学生是否与我打招呼，但遇到不与我打招呼的学生时，我也会想尽办法要他与我打招呼。具体怎么做呢？

1. 甘当厚脸皮，求学生与我打招呼

那种生性冷淡、不懂礼仪的学生，在向我迎面走来时如果不打招呼，我一定会果断叫住他，然后按住他的双肩，看着他的双眼，笑嘻嘻地说："看到我都不打招呼，我心里好尴尬啊，我这个师父很没面子啊，我会气得吃不下饭、睡不好觉呀。你赶紧招呼我一声呗，就一声啦，叫'老师好'，行吗？"我都开口求了，学生当然不好意思拒绝，只得尴尬地叫我一声："老师好！"我故意侧耳听一听，说："声音太小，语气太弱，诚意不足，我还要听你再叫一声！"学生无奈，只得放开音量再叫一声。如果学生的声音还比较小，状态也有些别扭，我还会求着他们叫第三声。直到他们能轻松流畅地叫出来，我才会放开他们。放开时，我还会殷殷叮嘱："下次碰到我，一定要与我打招呼哦，不然我会伤心的。"从此以后，这类学生见到我都会主动跟我打招呼。

有同事说，我这是求来的招呼，掉价。我说，我求的不是学生的招呼，他们招呼我抑或不招呼我，我无所谓，我求的是学生能养成与人打招呼的习惯，能认识到与人打招呼是社交礼仪，也是非常重要的社交生活。

2. 主动招呼学生，以此换回学生的招呼

有些学生胆子小，心里想与老师打招呼，但就是没有开口的勇气，这时我就会主动与这类学生打招呼。打招呼的内容一定要言之有物，比如："××同学，你今天提前到班啦，给你点赞！""××同学，你的书包好漂亮，哪里买的呀？""××同学，你这双鞋的鞋带颜色真好看，与你的鞋好配啊……"

我把招呼打完，就会跟学生说一句："来而无往非礼也，你也跟我打一个招呼吧。你只有与我打了招呼，才不会欠我的情。"学生自然不想欠我的情，于是嗫嚅着向我打招呼。这类学生只要开口打了第一声招呼，就不怕他不开口打第二声招呼了。慢慢地，在我的讨要声中，孩子们打招呼的声音变大了。

至于那种对老师心怀不满，不屑于与老师打招呼的学生，不能急着让他们打招呼，而是要开诚布公地与他们交心。若老师错了，不找任何理由，不做任何辩解，真诚道歉即可。若学生误解了，老师真诚解释就行。

既然此文说到打招呼，我顺便再说一说，一个老师，能够指导学生正确地打招呼也很重要。

有一天，我从卫生间出来，一个男生非常热情地与我打招呼，但他的招呼令我极其尴尬与不适。他说："老师，你刚才在拉屎啊？"我一言不发，装聋赶紧离开了。

这样打招呼还不如不打招呼呢！

像这种在厕所旁相遇，怎么打招呼比较恰当呢？自然是越简单越好，就三个字：老师好！

"老师好"三个字是万能模板，不论在何时何地都可以用"老师好"与老师打招呼，这样永远不尴尬。

六、学生置身父母矛盾之中，班主任如何劝解？

早读课上，孩子们叽里呱啦读得很欢，小景却哭丧着一张脸，眼圈红红的，盯着眼前的书发呆。我悄悄走到小景身旁，按住她的肩膀，耳语似的问道："心情不好，是吗？"小景紧抿嘴唇，很不高兴地点了点头。"那我能为你做些什么吗？"我温和地说道，声音小到只有小景才能听到。小景强忍着泪水，礼貌地回答道："老师，不用了，我自己能消化。"我轻抚了一下小景的头，展颜微笑，说，好，然后轻移脚步去观察别的孩子了。

学生表情异于平时，并且已经明显地表现出心情低落的样子，此时，班主任上前一步对学生表示关切，这就是师爱的自然释放。但这个释放必须有度，也就是要在学生允许、能接受的范围内释放。我只问了一句：我能为你做些什么吗？既表示我"看见"了小景的痛苦，也表达了我对她的关切之情，还恪守了师生情感的边界。小景礼貌地回绝我的帮助，并不能说明她真的可以解决她所遇到的问题，但她当时一定是不想我介入她的生命现场的。我此时最得体的做法就是一边后退，一边留有余地，给小景自我消化的时间。我及时离开，也是不想给小景徒增压力。

待我在教室转了一圈后，我再次将目光移向小景。她的表情仍显沉重，心不在焉地看着书。我佯装巡堂，再一次走到小景身旁，俯身对她耳语道："老师就在你身后，只要你有需要，我永远都会向你伸出援助之手！"

我为何要折返回去对小景说这么一句话？因为我要考虑到，万一小景不能自我消化呢？我及时把这句话告知她，就是给她一颗定心丸：不管她遇到多大的麻烦，老师都愿意为她兜底！就算她内部支持系统崩盘，外部支持系统还非常强大，她心里就算慌，也不用惧！

我这种以退为进、尽显关怀的说话方式果然打消了小景的疑虑，她大着胆子向我求助了。

下午小景递给我一张纸条，上面写着她与爸妈产生矛盾的起因、经过和结果。可能是因为情绪不佳，思绪堵塞，所以文字叙述得有些凌乱。我给她做了个梳理。

> 起因是她妈妈数落奶奶料理家务不尽心：衣服没洗干净，地板没扫干净，灶台没擦干净，做的饭菜味道不好……总之就是看奶奶各种不顺眼。此时恰好她爸爸回家了，听见老婆在数落自己的母亲，马上和小景妈妈吵了一架，还说小景妈妈虐待婆婆。
>
> 小景妈妈特别生气，说婆婆家务做得不好是事实，自己说几句真话怎么就叫虐待了？再说了，婆婆也才60多岁，身体非常硬朗。夫妻两人为虐待还是没虐待争执不休。
>
> 激愤之下的妈妈要求小景为她说句公道话。小景一时之间不知道怎么说才好，但妈妈逼得紧，她只好随口说了一句："这场战火不是你烧起来的吗？怎么让我说公道话？"小景的话声一停，爸爸立即就拿捏住了，吼道："连女儿都说你错了，你还狡辩。"爸爸这一嗓子吼过去，夫妻之间的战火不仅未熄，还烧得更旺了。
>
> 小景妈妈气得大骂："你们三个结成联盟欺负我一个外人！我是你们的眼中钉，我走！"说完，妈妈就进屋收拾行李走了。爸爸当时在气头上也没拦住妈妈。小景气得又和爸爸发生了争执，奶奶还帮腔爸爸，指责她这个孙女不懂事。

小景在最后写道:"老师,我什么事也没做,怎么最后我还成了最错的那个人呢?"

这是小景的求助,我该怎么说,才能排除她心中的烦恼呢?

首先要表现出同理心。

我告诉小景:"身为女儿,置身父母争吵中,无法站队,不能帮腔,更不能选择,真是左右为难。这种纠结、烦恼,我真是感同身受啊。我父母都是年近八十的耄耋老人,但也是有事没事爱争吵,然后找我诉苦,要求我评理。我两边都不敢得罪,但又要体现出公平公正,真是太为难了。"

表达同理心的目的是告诉小景,她的这种烦恼老师能感同身受,她目前所遭遇的烦恼很多人都体验过,她不是一个孤独的人,更不是一个可怜的人。

其次要告诉小景,她没有错。

父母吵架,是父母之间的事。作为成年人,他们应该为自己的行为负责,他们的任性不应由小孩来承担。因此,小景要与自己和解,该吃吃,该睡睡,没心没肺才对。再说了,夫妻吵架也并非都是坏事,很多事总要吵出来才能去解决,尤其是母子关系和夫妻关系的排序,总要在相互碰撞中才能确立正确的顺序。

最后要中肯地告诫小景的父母,提醒他们处理好家庭关系。

尤其要提醒小景爸爸,要想维持健康的家庭关系,就要把夫妻关系放在首位。当然,也要诚恳地劝解小景妈妈,要正面客观地向婆婆提意见,规避与婆婆的正面冲突,即使一时之间没有管住自己的情绪,也不能殃及孩子,让孩子夹在父母之间难做人。

这些告诫是否有用很难说,但在不跨越边界的情况下,善意的提醒还是很有必要的。毕竟他们的做法已经伤害到自己的女儿了,老师有责任为自己的学生发声。

小景是一个乖巧可爱、身心健康的女孩,她的父母也是善良勤劳、心智健全的成人,只是因为不善于处理人际关系才造成了矛盾冲突。经我介入后,小景一家的关系又恢复如初，小景脸上也绽开了笑容。

　　其实，不管遇到什么样的家庭矛盾，教会学生从矛盾中抽身而退，致力于自身成长，才是最正确的策略。学生只有把自己变得强大了，才能进行自我救赎，从而规避不良原生家庭对自己的持续伤害。

七、两个学生打架，班主任怎么说才能让学生学会应对人际矛盾？

两个孩子跑来告诉我，说生甲和生乙在做眼保健操时打架了，打得很厉害，体委都管不住。我跟两个孩子去到教室，看见打架的两个学生还气急败坏地扭在一起。

此时，我是给他们讲"团结友爱"的道理呢，还是断喝一声"停"？相信绝大多数老师都支持我选择后者。不管学生基于何种原因打架，老师只有先喊停，才能解决学生之间的矛盾。

有女老师说："打架的是两个大汉，我一个柔弱女子怎么劝得住他们呢？"柔弱的老师劝不住也没关系，可以先调遣班上"四大金刚"，将两个打架的学生拉到教室的南北两端——空间距离拉远了，他们想打也打不成了。

如果两个学生就势下了台阶，乖乖地停止打架，情绪也比较正常，班主任就可以暂时将他们晾着，待他们心平气和了再分别向他们了解情况。

如果两个学生分处南北两端，仍然气呼呼地表示要继续打，班主任就安排三四名体格健壮的男生守着，直到他们的气消了再说其他的。

时隔几日，俩学生气顺了，心平了，班主任就要开口说话解决问题了。此时班主任要怎么做，怎么说，才能让俩学生消除心中的芥蒂和好如初呢？我是这样操作的：

首先，分别找两个学生了解情况。

一定要分开了解，这样班主任获得的信息才全面和准确，学生也才能理性表达。如果把两个学生放在一起询问，免不了又是一场争论，班主任届时如何站队呢？

了解情况时，班主任不可以这样问："说吧，为什么打架？"这种问法，太泛，也太空，学生说不到点子上。而是要说："请你用文字客观描述打架的场面，可以使用描述性的形容词，但不可以使用评价语。"

打架这个动作是学生发出的，他们有亲身体验，哪怕写作功底特别差的学生，也能写得生动形象。通常情况下，学生写着写着就忍俊不禁了。我就会趁机调侃他们："皮肤裂口没？筋骨踢断没？脑子打傻没？要不要去医院打点滴、照X光？"

学生马上摇头，说："没有打出问题，打的时候避开了要害部位。"这句话充分说明学生不傻！我们来看看这两位学生是怎么写的。

学生甲写道：我本来在做眼保健操，前面的生乙扭头对我说，你做眼操的样子好恶心啊！我回了一句，你才恶心！生乙也回了一句，你妈才恶心！我听他骂我妈，就特别生气，用食指戳了他一下，顺便说了一句，你全家都恶心！生乙就对我动手动脚，我不服，就跟他打了起来。

学生乙写道：做眼保健操时，我扭头说了句生甲的动作好恶心。平时他也会说我这恶心那恶心的，我都没生气。我今天一说他，他就生气了，还用手指戳我，把我戳痛了，我才动手的。

学生写完了打架的过程，班主任再说一句："扪心自问，为什么会发展到打架这一步呢？"

无论学生为自己找什么理由，班主任都不要评论，而是要全盘接受，要理解和认同学生的理由。

比如生甲对我说："我就是不服他对我说脏话，没忍住就动手了。"我就会说："理解，别人若是对我说脏话，我也会有想动手的冲动。"生乙对我说："我本来不想还手，但是他把我弄痛了，我才还手的。"我会拍下他的肩膀，不无同情地说："太理解了，谁要是把我弄痛了，我也会忍不住想还手。"

我这样说是黑白不分、是非颠倒吗？当然不是！从心理学来讲，我在共情。从博弈学来讲，我这是以退为进，掌握主动权。

这样一来，学生就会与我坦诚相见，不再对我心生抗拒，而是把心思集中在解决问题上。

其次，引导学生寻找解决方案。

学生偶尔打个架，真不算什么大事，班主任切忌勃然大怒。因此，当学生打架成既定事实后，班主任与其生气指责，还不如心平气和，不予评价，客观陈述，理性指导学生从这起打架事件中学会如何应对人际矛盾。指导时，两个学生均要在场。那么具体怎么指导呢？

将打架事件分成若干画面，班主任描述画面，学生悟出道理。

【画面一】打架前双方都在做眼保健操，体委在维护秩序，整个教室一片安宁。如果此时两人都把心思都用在做操上，后面就没有打架这档子事了。这说明了什么？

两个学生思来想去，最终达成共识："如果我们都专注于自己的事，就不会给自己惹麻烦！"

【画面二】此时，坐在前排的生乙扭头评价生甲的动作好恶心。生甲闻言不满，也用评价语言回敬了生乙。这画面又能说明什么问题呢？请用我平时教给大家的沟通技巧作答。

两个学生略一思索，异口同声地说："只能客观陈述他人行为，不可以随意对他人行为进行价值判断。"

【画面三】生乙听到生甲用同样的评价语回敬了自己，上升到用评价性语言攻击生甲的妈妈，矛盾升级，致使生甲用手指戳了生乙，两人矛盾激化。请两人穿越回这个场景，思考当时要怎么做，这场架才打不起来。

生乙反省："我不该用评价性语言攻击生甲的妈妈。"

生甲反省："我不该用手指戳生乙。"

最后，用启发式语言问两个学生。

"你们各自从这起打架事件中学会了什么？"

两个学生重复了前面的反省内容，我表示赞同，随后对他们分别做了指导："生甲，建议你学一学'改换口径'的沟通技巧，比如生乙扭头说你做眼保健操的动作好恶心时，你可以说：'谢谢你对我的关注，你赶紧做操吧，不然体委很难做，班主任知道了也要生气。'没有恶意评价，也没有任人欺负，而是不显山不露水地把体委与班主任抬了出来，借力打力，借机脱身。""生乙，建议你每次说话时都停30秒，想想这句话能说还是不能说，用大脑甄别一下再说出来，切忌脱口而出。"

这件事到此就算圆满解决了。我没有发火，也没有骂人，更没有动粗。在整个处理的过程中，学生的心理都非常安全，他们不仅认识到了自己的错误，还学到了应对之策。即使这两个学生还会犯相同的错误，我也不会恨铁不成钢地指责他们：孺子不可教，烂泥扶不上墙！我会引导他们回忆我教给他们的正确方法：为何道理都懂了，在实践中却发挥不出来，问题出在哪里？

班主任把问题抛给学生，就能促进学生反思自己的言行，进而发现自己的不足，由此找到更为合适的方法。如此反复，学生就能长成更好的成年人！

第四辑
日常相处怎么说（下）

一、学生被同学恶意取了绰号，班主任如何劝慰？

小魏同学找到我，气急败坏地对我说道："老师，我要投诉大洪，他给我取了一个特别恶心的绰号，我完全不能接受！"

大洪究竟给小魏取了个什么绰号呢？蛇皮！这个绰号确实太恶心了，我听着都起了一层鸡皮疙瘩。据大洪"交代"，他之所以给小魏取个"蛇皮"的绰号，是因为小魏的皮肤不仅粗糙，还有斑纹，看起来就像花斑蛇的皮。我仔细观察了小魏的皮肤，确实如大洪所说有些像蛇皮。但是，小魏坚决不接受这个绰号，他认为这个绰号不仅是对他身体的攻击，还是对他人格的侮辱！

对于这个从天而降的绰号，小魏不仅难以接受，还觉得自己很受伤。我当然不能坐视不理，我得站在小魏的立场上去抚慰他那颗受伤的心灵。

有同事说，一个绰号而已，小魏反应如此激烈，这心灵也太脆弱了吧。小魏的心灵脆弱吗？或许有些脆弱吧。但若这个绰号落在同事头上呢，他真的可以做到欣然应允吗？就算我们能做到一笑了之，那也仅限于自身，小魏做不到啊。再说了，我们也没有权力要求小魏放宽心胸、充耳不闻啊。

班主任此时可以做的就是抛却一切大道理，在感情上完全倾向于小魏，入情入理地说一番足以与小魏共情的话。我是这样说的：

"小魏，关于大洪给你取绰号这件事，别说你难受，我心情都不好！我不由得想起我读初中时，因为又矮又胖，就被班上男生取了两个特别难听的绰号，一曰'冬瓜'，扩展名为'冬瓜糖'；一曰'南瓜'，扩展名为'南瓜饼'。"当我说到这里时，小魏竟然嘿嘿笑出了声。小魏说，他听到"冬瓜糖"和"南瓜饼"就忍不住笑了出来。

我也笑着说："我现在也觉得特别好笑，可那个时候我却觉得天塌下来一般难受。那些男生每次远远地看到我，就扯着喉咙大喊：冬瓜，冬瓜糖；南瓜，南瓜饼。我气得声嘶力竭地大骂，虽然声音里充满了愤怒，但终归势单力薄，怎么吼也盖不住一群男生的声音。我捡起地上的石子冲过去打那些男生，但当我跑拢时，他们已经一哄而散了。我气得捶胸顿足，真是叫天天不应，叫地地不灵，感觉特别绝望。没想到过了几十年，咱们小魏遭遇了与钟老师同样的痛苦。"

小魏听完我的故事，吃惊得把嘴巴张了个大大的"O"，同情地说："没想到老师竟然这么惨。"我笑着说："我到现在都不想理会那些恶意给我取绰号的男生，同学聚会有他们我都不想参加。"听我说到这里，小魏竟然有些释然，说："看来大洪还没有老师的同学坏。"

我给小魏说的这番话可不是在编故事，而是我的亲身经历。我之所以讲给小魏听，是想告诉他，对于他内心的痛苦，我完全能感同身受，他的痛苦与我的痛苦串联在一起，我可以为他分压。

小魏的压力经我分流后，情绪趋于正常，但问题并没有得到解决，因为"蛇皮"的绰号还在，并且有扩散的趋向。于是我找来大洪，当着小魏的面义正词严地说道："《做人要则》（我班做人做事的行为准则）里明确规定不允许给同学取带有侮辱性的绰号，你可还记得？"

大洪在我严厉的语势攻击下，嗫嚅道："记得。"

"记得你还给同学取如此难听的绰号，该不该受罚？"

大洪低头嗫嚅："该。"

"按照咱班的'惩罚条例'，怎么罚？"我厉声喝道。

"向被取绰号的同学赔礼道歉，消除不良影响，再为受伤害的同学取3～5

个文雅美好的绰号,并在整个年级推广。"大洪小声说道。

接下来的时间里,大洪特别忙碌。一是忙着给小魏道歉。小魏一开始不想接受大洪的道歉,大洪无奈,找我出主意。我故意笑着说,心诚则灵嘛。大洪最终凭着诚意满满的道歉取得了小魏的谅解。二是忙着给小魏取新绰号并进行全年级推广。他给小魏取了"巍巍""阿魏""大力神"三个绰号。三个绰号都很一般,既不文雅,也不算美好,但不难听,小魏都能接受,尤其是"大力神",小魏还蛮喜欢,因为他个高腿长,力气比较大,这个绰号很符合他的特征。于是小魏放弃了"巍巍"和"阿魏"两个绰号,让大洪只叫"大力神"便好。大洪每次见到隔壁班同学在走廊上出现,就会卖力地叫道:"小魏,大力神,大力神。"慢慢地,小魏就成了大家口中的"大力神",连我都改口叫他"大力神"了。小魏特别享受"大力神"这个绰号给他带来的自信和快乐,他与大洪还成了好朋友。

取绰号原本是一件小事,我允许孩子们之间相互取绰号,甚至接受学生给我取绰号。既然如此,我为何还要小题大做呢?因为绰号有雅俗之别,而"蛇皮"这个绰号属于低俗的那一类,带有人身攻击性质,我若不制止的话,恶意取绰号的风气必会蔓延。另外,小魏"蛇皮"的绰号必然流传甚广,一旦标签化后,就很难撕下来。最重要的一点是,小魏觉得自己的心灵受到了严重的伤害,我必须给他修复。当然,我也要借此机会震慑像大洪一样喜欢恶意给他人取绰号的孩子。

最后我还告诉小魏,今后遇到类似的情况时,除了向老师求助外,自己也要奋起反抗。不是武力反抗,而是一脸正气地走到随意取绰号的同学面前,掷地有声地说道:"我不喜欢这个绰号,请你立即闭嘴!如果你不闭嘴,我除了告诉老师,还会以其人之道,还治其人之身!先礼后兵这一招,你懂的!"当然,我还特地叮嘱小魏,如果他反抗的时候感觉胆怯,那么我一定会站在他的背后为他输送力量!

至此,绰号风波总算尘埃落定,大家各归其位,闭紧嘴巴,和谐相处。我也就小魏的皮肤问题与其母做了沟通。小魏母亲告诉我,小魏的皮肤病属于家族遗传，成年以后就会不治而愈。既然如此，我也就没什么好担心的了。

最后总结一下我的说话技巧：

首先，当小魏带着气愤的情绪向我投诉大洪恶意取绰号的行为时，我没有劝小魏宽宏大量，也没有给他讲做人要大气的道理，更没有劝小魏不要生气，而是给小魏讲了我被同学恶意取绰号的故事。我与小魏的经历竟然出奇地相似，我们两个人的生命场突然就打通了。

其次，我没有对大洪的行为做过多的评价，只是当着小魏的面批评了他，然后按规矩公事公办。小魏的委屈得以释放，恶意绰号得以消灭，还因此得了自己喜欢的绰号。他不仅感受到了公平公正，还感受到了老师的真心爱护。

最后，我教了小魏说"不"的方法，并且明确表态会成为他背后的人给他助力。他的安全感和底气油然而生。

至于大洪这个孩子，因为口无遮拦恶意给他人取绰号，已经受到了惩罚，我就不必再对他唠叨了。我只对他心平气和地说了一句："希望你今后管好自己的嘴巴，换位思考，重视他人的感受，别给我增加困扰！"

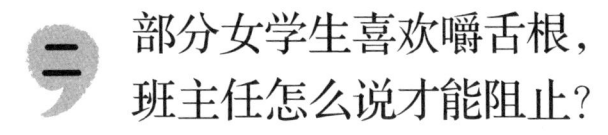

二、部分女学生喜欢嚼舌根，班主任怎么说才能阻止？

对于嚼舌根的行为，我似乎有着天然的抗拒，一想起这事就来气，一说起这事就冒火。因此，但凡我带的班级，必定会出台抵制乱嚼舌根行为的制度。接下来，我从情感、态度、价值观、执行力和惩戒方式五个方面来阐述这个制度：

【情感】背后乱嚼舌根的行为极其伤害他人感情，会让人陷入沮丧、彷徨、不安、迷茫，甚至自我怀疑的情绪怪圈。从感情层面来讲，我特别憎恨这种行为！

【态度】对于这种损人不利己的低素质行为，我的态度就是坚决抵制！出现一例，消灭一例，绝不手软！

【价值观】作为新时代的教师，我要培养的是性格大气、作风正派、心地光明、格局宏大的新时代女性！那种背后嚼舌根的小丑做派，在我这里没有任何生存空间！

【执行力】委派女性班长负责班级软环境建设，以确保班级人际健康。委派安全委员负责线上和线下的人际观察，发现人际欺凌行为后即刻汇报组织，由组织进行追查和处理。委派心理委员挖掘藏匿在隐秘角落的类似于孤立、边缘化他人等人际冷暴力的现象并提交班主任处理。

【惩戒方式】一经发现并证实背后嚼舌根的行为，绝不给嚼舌根者留情面！根据教育部颁发的《中小学教育惩戒规则（试行）》第七条和第八条，打骂同学、老师，欺凌同学或者侵害他人合法权益的，除了接受当众点名批评外，还要给受害者写道歉书，写出书面检讨并当众宣读检讨书！造成不良影响的，除接受上述惩戒外，还要通知家长到校配合老师教育！

纵观我的做法，情感不可谓不强烈，态度不可谓不坚决，价值观不可谓不周正，执行力不可谓不迅猛，惩戒不可谓不严厉！那么效果呢？背后嚼舌根的行为就得到杜绝了吗？

我只能说，制度出台后，这种事的确很少发生了，但无法得到杜绝。

前两天，Z女生情绪激动、声音哽咽地对我说，上个月去基地劳技期间，月经突然造访弄脏了裤子，于是经X女生之手向D女生借了一条裤子，这是D女生的新裤子，她还没穿过。

从这里可以看出，Z女生有求助的意识和行为，特别棒，必须给她点赞。D女生乐意把没有穿过的新裤子借给同学，很大方，也值得点赞！

但是，还裤子时，D女生发现裤子脏了，直觉认为这是Z女生留下的血迹，心中不悦，要求Z女生要么洗干净，要么赔一条。不论是洗，还是赔，D女生的要求都合情合理。唯一不够成熟理性的是，既然她同意把裤子借给人家，那么裤子染上血迹的可能性就很大，她如果介意的话，最初就该一口回绝。

道理是这么个道理，但D女生只有14岁，做不到这么理性，我自然不能如此要求她。我评析这件事也只是想引导我的学生学会从多角度推断出多种可能性，理性思考。

Z女生觉得很委屈，她认为裤子上的印迹不是她留下的血迹，但又说不清究竟是怎么搞出来的，于是既不想洗，又不想赔。D女生自然火大：裤子借给你了，并且被弄脏了，你竟然想事不关己，哪有这样的好事？我特别理解D女生的心情，但也理解Z女生又羞又恼的心情。我了解D女生的性格——

大条，固执，共情能力较弱，说话做事都不太考虑他人的脸面和感受。

D女生执意要求对方洗或赔，Z女生极力解释印迹与己无关，双方争执不下。班上其他女生站出来劝Z女生把裤子给洗了，Z女生最后听从大家的劝解把裤子拿去洗了，D女生的诉求也得到了满足。如此看来，事情到这里就该翻篇了。

事实上，女生之间的事情远没有大家想象的那么简单。D女生觉得裤子借给别人穿却被弄上了洗不掉的污渍，心里很别扭，日常相处时不免对Z白眼相向，说话也是夹枪带棒的。Z女生有些崩溃，首先妥协，主动加了D女生母亲的QQ，讲述了事情的始末，并且也向D女生的母亲道了歉，还明确地表达了赔偿意向。D女生的母亲是一个成年人，当然有其基本的判断，她劝慰了自己的女儿，也安慰了Z女生，并且明确告知女儿，那个印迹不是血迹，让女儿不要再纠结了。

如果这个故事的开端、发展、高潮，都只有Z和D的话，故事演变到这里也就该结束了。问题的关键就在于，她们背后还有B、C、E、F等嚼舌根的同学。

这舌根一嚼，偶然变成了必然，巧合变成了预谋，无意变成了恶意，辩解变成了抵赖……D女生受这些闲言碎语的影响，失去了正常的判断。"战略"上，她要集中精力对付Z；"战术"上，她发展了不少"同伙"。具体操作时则极其幼稚，就是对各个"同伙"说，不要与Z说话，不要同Z玩。大家回想一下，自个儿有没有干过这类分化人际关系的事？我自己似乎是在小学低段干过，实在是太幼稚了，长大后就觉得这方法根本拿不出手。

我了解了事情的来龙去脉后，真是哭笑不得，但同时又特别生气，因为在这场事故里，Z显然备受打击，还有几个被夹在中间的"同伙"压力巨大、无所适从。

于是我迅速召开了全体女生会。班上就23个女生，有的在嚼舌根，有的在旁观，有的主动站队，有的被迫当了"同伙"，是非场里，没有一个女生敢说自己完全置身事外！我要不义正词严地重述我的带班理念，不明确地表明我对此事的态度，不快准狠地亮剑，事情就会越来越糟，届时没有一个人可以独善其身！那么，我是如何说的呢？

我用图示法演示了此事件中各个人物所扮演的角色：Z和D，一对一的矛盾。事发后，Z虽有推脱之责，但始终恪守"两人事两人了"的原则；D虽有追究之权，但破坏了"一对一"的关系，使得事情朝着不可控的态势发展，并且还发展多个"同伙"去孤立Z。D原本是一个最值得点赞和同情的人，因为缺乏理性，也缺乏基本的人际交往智慧，最后变成了一个扰乱班级风气的人。

除了"同伙"之外，还有个别女生因为私人关系盲目站队，当然也有不嫌事大的女生主动站队，搞得班级人际气氛非常诡异。

对于此类人、此类事，我严正声明："我的班级，绝不允许有人际欺凌！我的学生，必须光明正大！即使要与别人'斗'，那也必须是摆在桌面上明刀明枪地'斗'，绝不允许背后使坏，暗地搞小动作！这既是我的带班理念之一，也是我的做人准则！做我的学生，就必须接受我的理念，否则，道不同不相为谋！"

我说话是不是有点狠！作为一名教师，我的天职就是教书育人！部分女生的行为已经触犯到他人以及班级的利益，我为何不严词表明我的态度与立场？我身为她们的老师，如果在人格和精神层面都站不起来，何以能教出人格和精神都独立的新时代女性？

我在所有女生面前讲明原则后，单独找了Z和D。不是谈心，也不是讲道理，而是一起回溯整个过程，找到她们的利益点和正确点，再找到每一个推动事故往糟糕地带发展的错误点。把所有的点找出来，再连成线，谁是事故的真正推手，就一目了然！把之前理不清、道不明的事情摆在桌面上，两个人除了觉得自己幼稚和无知，还能说什么？

我特别要说明，在这场事故回溯中，我自始至终都没有对事件进行价值判断，没有对学生的行为进行道德评判，有的只是"事情发展到这里，如果换一种做法，是不是就到此为止了呢？"这样的句子。

其实整件事都无所谓谁对谁错，引发矛盾的只是性格的差异、价值观的区别、做法的不同、认知的高低，更多的还是因为女孩们没有长大，没有学会在同一个思想体系里，兼容多种价值观和思维方式。

鉴于此种情况，那么老师的所有说辞都应该致力于推动女孩们成长，而非羞辱和打压、责怪和挫伤。

三 学生在网络上谩骂他人，班主任怎么说才能消除不良影响？

我曾经教过两个女生，且叫她们甲和乙吧。这两个女生学业成绩都很优秀，班级管理能力也很强，是我的左膀右臂。但她们的个性都很要强，不是在学习上争强，就是在感情上争宠。

两人争来争去互相看不顺眼。其中甲的个性又更强一些，她率先挑起事端，利用 QQ 说说和微信朋友圈指名道姓地对乙进行谩骂。谩骂的内容很新奇——用的全是网络语言。内容如下：

乙，真心机，假单纯！在此揭穿她的真面目，希望大家远离此人。

甲在网上骂人的事就像长了脚，很快就飞到了乙的耳朵里。乙非常生气，她的性格虽不及甲强势，但也是个不服软的角色。她当即就在 QQ 说说和微信朋友圈里指名道姓地反唇相讥：

甲，心机深沉，假装正直。你以为大家都很喜欢你吗？要不要给你提供一份调查报告啊？

班上最优秀的两位女生开战了，其他同学怎么反应呢？没有谁来告状，因为我不允许他们打小报告。于是他们就乐得旁观，慢慢地也加入了骂战。女生分成了两派，班上出现了不和谐的人际氛围，教室里有一种很明显的压抑感。我很快就从这种压抑感里感受到了火药味，立即开展调查。两位女生在网络上互相谩骂的事情被我知晓了。此时，我该怎么说，才能把这场网络谩骂产生的不良反应给消除掉呢？

答案是走进学生的话语系统里，"以其人之道，还治其人之身"。

两个女生都冰雪聪明，我若端出班主任的架子把她们找来各打五十大板，然后再和稀泥让她们握手言和，她们必然心有不服。带班 30 来年，我一直深信文字最能抵达人心，我也通过写"小作文"的形式，打动和转变了许多犯错的学生。于是我迅速写了一篇"小作文"，挂在班级 QQ 群的群公告上：

警告各位亲：你们都是为师的手心，不论何时，也不管是谁，我都握着拳头舍命相护。可是，你们却同门相煎，让我情何以堪？你们再不收手，就严重触犯了我的带班底线。届时，我定会严惩不贷！

小作文挂出去后，我一句话都没说，只是在群里关注着孩子们的反应。我知道每个孩子都看了警告内容，但他们都没敢吱声，而是在群里发吐舌头、尴尬、头晕、睡觉、苦笑等表情，也有学生发表示"惊悚、怕怕"的图片。

随后就有学生告诉我，甲和乙已经握手言和，她们决定休战了。很好，既然她们宣布休战了，就意味着她们已经领会到我的意思了，真不愧是有慧根的女孩。

尽管两位女生已经休战了，但我仍然按兵不动，没有去找两个女孩，而是在群公告上又发布了一个动态：

各位网红：今后再也不要给我演悬浮剧了哈！我想静静！为表扬你们及时休战，给你们搞个微特效。

这个微特效是什么东西？就是我发到群对话框里的一张"如花抠鼻屎"的图片。据说把学生都给笑惨了。甲和乙也在笑声中一笑泯恩仇。

接下来我还是没找两个女孩，并且还故意冷淡她们。她们心中有愧，也不敢在我跟前晃。晾了两个女孩一周，我才分别约谈她们。那么我是怎么与两个女孩谈话的呢？

1. 重建师生关系，加固师生感情

不论是对甲，还是对乙，我都非常真诚地罗列了她们的优点，并且真诚表达了我对她们的欣赏。

从建班的第一天起，我就明确提出了我的带班理念：把女生捧在手心，把男生拴在腰上。我说了，每个女生都是我的掌中宝，都会得到我的百般呵护。女孩们都值得我爱，并且也配得上我的爱。

你们两个更是女生中的佼佼者，我对你们一直以来都是青睐有加。你们不仅人长得好看，脑子也很聪明，学习成绩还很棒，管理能力特别强，是老师不可或缺的得力助手。我对你们的依赖，胜过你们对我的依赖。

鉴于你们的智力、能力、毅力均处在上乘，我是下了决心要重点培养你们的。我相信，假以时日，你们会成为光芒万丈的女孩。

这些话我打腹稿时针对的是两个女孩，但说出口时，却是一对一的表达。话虽然说了两次，但内容都一样，区别在于人称由复数变成了单数。两个女孩听到这些话时，内心当然是高兴的，对我这个老师也是充满好感的。

2. 亮出主题，真诚相劝

师生关系已经加固，两位女生心里既有愧疚，也对我充满了好感。这时我就需要坦诚以告，并且顺势提出要求了。

你们在网上吵架的事目前已经停止，负面影响也已经消除，我就不再啰唆了。今天，我把话说清楚，这事就彻底翻篇了！第一，我在班上反复

强调了，绝不允许窝里斗，你们的行为与我的理念不合拍，希望你们自行调整。第二，我反复说过，内部矛盾内部消化，绝不允许把人际矛盾放到公共平台上发酵，你们在QQ说说和微信朋友圈指名道姓地谩骂对方，造成了负面影响，给别的同学做了坏榜样，你们必须在班上做个说明，表达你们的歉意，提醒其他同学引以为戒。第三，完成前面两条要求后，一切烟消云散，绝不会影响你们在班上的地位，也不会影响我们师生之间的感情。

说完这三条，我还给她们讲了一个故事，希望她们能从故事中悟出竞争的本质。

  多年前我带了一个班，班上有三位女生，都很要强。她们在学习上互不相让，在班级管理上也是互相较劲。每次考试，考差了的女生一定会大哭，哭完就会向考得好的女生发出挑战。晚上学习也是相互较劲，如果A女生看书看到9点，B女生就要看到9点30分，C女生若是知道了，就要看到晚上10点。她们三人相互"斗狠"，但不怨恨，彼此非常团结。她们三人就在这种良性竞争中越变越好。不是一个人好，而是三个人都很好，并且还带动了班上不少女生的进步。那一届学生毕业，考出了相当优异的成绩。现在去看三个女生的人生，她们都成了人生的大赢家。

甲和乙各自听了这个故事，都向我表态，今后绝不会再搞这种无聊的事情，她们会团结起来，把双方的成绩搞好，协助我把班级管理好，让每个同学都能以我们的班级为荣！

我真是幸运，遇到了如此高素质的女孩，这个矛盾竟然被我轻而易举就化解了。如果我遇到的是那种需要直言以告，或者油盐不进的学生呢？
需要直言以告的学生我经常遇到，他们不喜欢老师说话拐弯抹角，事实上老师把话说得太含蓄，事情做得太隐晦，他们也听不懂、看不明白。我就会直接告诉他们："××，你们在网上掀起骂战，既暴露了家丑，也污染了网络。我作为班主任心里特别烦恼，我要你们马上停止谩骂。如果不听招呼任意妄为，我会安排专人截图保存作为证据，然后递交到德育处，由德育主任出面处理，届时就不只是批评这么简单了！"

至于那种在网上谩骂了他人还不接受劝告，甚至还油盐不进的学生，迄今为止，我还没遇到。我觉得这类学生的问题重点不在于谩骂这个事，而是师生关系建立失败，学生的价值观存在问题。班主任若不与学生建立健康的人际关系，从而帮助学生树立正确的价值观，等到事情发生再来说话，那么任你舌灿莲花也没用。

四 学生之间喜欢互相抱怨,班主任怎么说才能引导学生积极面对?

参加学校举行的班级大合唱比赛,一旦输了,组织者抱怨参与者不配合,参与者抱怨组织者没尽力,一场活动搞下来,又忙又累,不仅奖状没有收入囊中,一肚子怨气还无处安放。学校举行篮球比赛,某个球员传球失误,引起大家一阵抱怨,运动员的注意力于是都从打球转移到发泄情绪上,结果输得更惨。类似这种同学间的抱怨在学校里可谓比比皆是。抱怨就像病毒一样,会迅速扩散传染,把班级人际氛围搞得乌烟瘴气,致使班级凝聚力消失殆尽。

鉴于此种现象,班主任需要对学生说什么,才能引导学生停止抱怨,进而用积极健康的心态来面对眼前的挫折呢?

1. 防患于未然

所谓"磨刀不误砍柴工",班主任必须要有预设意识,也就是在活动举行之前,就要在班上明确地告知学生:"这次活动,不论过程中出现何种意外,最终获得什么结果,大家都不许抱怨!谁要是抱怨,就会被我揪出现场!"

这是我秉持的态度,也是我坚持的行为!我本人就是一个从不抱怨的人,所以,我对于抱怨这种行为概不接受!

学生之所以喜欢抱怨,是因为自己的期待没有得到满足。如果班主任在学生面前亮出自己对结果的态度,学生对结果的期望值就会降低,就不会聚焦在胜负结果上，抱怨情绪就会得到克制。

2. 果断叫停

就算班主任提前打了预防针，学生也知道抱怨于事无补的道理，但在行事的具体过程中，有些学生还是会忍不住抱怨，尤其是在一些需要配合的竞技性运动中，一人失误，团队遭殃，团队成员就特别容易抱怨。

这个时候，班主任该怎么说，团队之间的抱怨才能按下暂停键呢？讲道理行不通，讲故事没条件，谈感情不应景，怎么办？

这时班主任就要站出来大喝一声："停！"不管谁有理，现在都不是论理的时候；不管谁有功，现在都不是邀功的时候，最重要的就是闭上抱怨的嘴巴。

除了班主任亲自掌控全局外，团队的首领也应该跳出来大喝一声："只做事，不说话！如果一定要说话，只说鼓励的话、积极建议的话！"

这个首领人物需要班主任提前物色，提前培养，要在团队即将崩盘时能跳出来力挽狂澜！一个团队，没有精神层面的主心骨出来制止同学的抱怨，抱怨就会像一阵狂风，伤及很多无辜。

3. 分析利弊

班主任可以在不评价学生抱怨行为的前提下，向学生抛出两个任务：（1）请每个同学进行大脑回放，把抱怨别人，或被别人抱怨的事情写下来，然后当作故事讲给前后左右的同学听；（2）请男生根据自己的观察与感受，罗列抱怨的好处；请女生根据自己的观察与感受，罗列抱怨的坏处。

在学生分析利弊时，老师无须多话。把说话的机会给到学生，让学生在表达的过程中，明了对错，清楚利弊，那么关于怎么选择，他们自然心知肚明。

我当初在课上抛出两个任务后，引起了学生特别热烈的反应，我没有评价对错，也没有导出结果，而是在感受上与他们同频。最后学生一致认为：不论是抱怨别人，还是被别人抱怨，其实都很生气、很难受！我补充道，抱怨还特别损耗能量，让人变得颓丧，甚至自暴自弃。

我的升华式补充赢得了学生的高度赞同。他们之所以能赞同我的观点，是因为他们亲身经历过，感同身受。

接下来是男女生分别分析抱怨的利弊。

男生罗列抱怨的好处：

◎ 心中不满，说出来就爽啦。

◎ 可以迫使对方服从或配合。

男生们说，敲破脑袋也只能想到这两个好处。

女生罗列抱怨的坏处：

◎ 抱怨让人丧失斗志。事情没有做好，本来心怀愧疚，想要努力补救，但是突然听到别人在抱怨，整个人都不好了，干脆就破罐子破摔了。

◎ 抱怨会破坏人际关系。这个世界上没有人心甘情愿被别人抱怨！我们在抱怨他人时，有些性格偏执、心胸狭窄、气量狭小的人，就很容易生气，人际关系就特别紧张。

◎ 抱怨还会败坏一个人的品德。喜欢抱怨的人，一旦养成习惯，就会形成恶性循环，久而久之，就会变成一个精神暴力者，眼不见人，嘴不饶人，心不容人，所到之处哀怨连连。

◎ 抱怨还会惹祸。相互抱怨，各不相让，轻则引发口水战，重则引发双方斗殴。

女生一共讨论出4条抱怨的弊端。她们的讨论结果比较散，我帮她们做了归纳总结，赢得了女生的喝彩。随后，我补充了两条抱怨的弊端：

◎ 抱怨会让自己变成祥林嫂那样的人，每天喋喋不休，哀怨凄凉，闻者莫不避而远之。

◎ 抱怨还会伤害一个人的大脑。神经科学家与心理学家研究指出：长时间让大脑接收太多负面信息，会导致当事者按照消极的方式行事。更糟糕的是，人长时间身处抱怨环境中，还会变得愚蠢和麻木。

利弊的比例是1:3，弊大于利！由此得出结论：停止抱怨，远离抱怨，才是成长的正道！

老师只需引导，把话语权交给学生，适宜地给学生搭个脚手架，正确答案就不言自明。

4. 寻求替代

学生不抱怨，不等于没情绪。负面情绪淤积在心底不消散，对学生终是一种伤害。因此，班主任还要给学生定制一套积极表达模板供学生替换相互抱怨。

球场上，某同学传球失误导致错失良机，打球的、看球的，立马置换处境："如果这个球是我传的呢？我肯定很沮丧！这个时候我最需要别人说什么话？"

[队长]没事！还有很多机会！加油！（说完这些话之后，如果距离近，就跑过去击个掌；如果距离远，就比剪刀手示意。）

[班主任]稳住心态，把握过程，忽略结果！

[啦啦队]××，淡定！加油！你是最棒的！我们看好你哦！

期中考试，某同学因听课不专注，复习不认真，考试成绩一塌糊涂，足足拖垮班级平均分2分。

这种情况令老师抓狂、同学生气。班上有这么一两个拖后腿的学生，无论老师和同学怎么努力，他们最后都会把努力的结果消解得一干二净。于是老师和同学就特别想抱怨。我有没有遇到过这样的情况？遇到过！有没有想要抱怨甚至指责的情绪冲动？当然有！

但我是一个教师，是专业人士，有教师的职业修养，因此，我会把所有的负面评价封印在我的心底。我会当着我的学生这样说："这一次，我们班的成绩在年级排名确实有些难看！不要紧，跌倒的同时，也看到了起来的机会。新的学期，作为老师，我会更加认真地备课，细致地改作业，对基础相对薄弱的同学会盯得更紧一些。班上暂时领先的同学，在新的一学期，不仅要自己努力朝前冲，也要带着同学朝前冲！还有几个同学，比如××和××，目前看，成绩是暂时落后了，但我相信，只要你们找到落后的原因，努力改进，就一定会进步的。"说完，皆大欢喜。

这些话语很朴素，很多老师平时都在说，甚至说得文采斐然。但为什么要这么说，说了有什么效果，他们却没有深思过。老师若没有把教育内部的逻辑梳理清楚，做事易冲动，说话带情绪，教育效果将事倍功半，甚至还起反作用。

五、学生之间闹矛盾，班主任如何劝解？

七年级女生 C 找班主任反映，有同学在背后踹她，快把她踹趴下了。班主任问 C 是谁踹的她。C 说转身看到 A 和 B，不确定是哪一个踹的。班主任于是找来 B 了解情况，还让 B 和 C 写事情的经过。B 和 C 既不写事情的经过，也不说明理由。

事后 B 在班级 QQ 群里质问班主任："为什么 C 被 A 踹了还让我写事情的经过？"还说，"我走路我有什么错？"

事情叙述到这里，我也想表达我的疑惑：C 说背后有 A 和 B，为何在班主任调查了解情况时，A 没出现呢？其实，七年级的女生已有小心思，尤其是圈子关系让她们顾虑重重。她们在班级里的生态如何，事后如何跟圈子里的同学交代，班主任都需要在心里掂量掂量。生生关系大于师生关系，这一特点在青春期学生群体中特别明显。班主任如果缺乏这个认知，就会因介入不当而自找气受。

B 在群里质问了班主任后，A 跳了出来，质问班主任为什么不调查 C 骂她的事，还说 C 如果不骂她的话她干吗踢 C，随后直接承认，C 就是她踢的，不用 B 写了。

于是班主任特别受伤，觉得学生在群里质问自己，脸上挂不住。班主任一边客观陈述事实，一边不忘有力回击，完了还去家长群表达了自己的委屈，倾诉了自己的辛苦与不甘。在这里我想说一点可能会得罪班主任的话："作为成年人，班主任要学会客观陈述事实，理性表达观点，而不是向学生和家长表达情绪。情绪性的发泄固然一时爽，但风险和隐患也很多。克制和隐忍是一个教师应该习得的素养。"

我看了A和B的原文表述，根本算不上质问！首先，她们向班主任提出疑问时，都打了招呼，说明她们并非目中无人，而是想说明事实，只是小孩子的语言系统都是"直通道"。其次，她们用的都是疑问句，提出问题，希望老师解答。如果她们使用一连串的反问句，咄咄逼人，那确实是在质问。

我个人是非常欢迎学生质问我的！我经常跟学生说一句话：吾信吾师，吾更信真理！只要学生敢质疑我，先不论对错，我都会点赞！为他们的质疑精神和敢于挑战权威的勇气点赞！我绝不愿意教出一群唯唯诺诺的学生。一个班级在事发后，集体沉默比充满杂音更可怕。

这件事已经演变成这样，老师除了真诚解释，安抚学生的不满情绪之外，也没有更好的办法。

我写此文的目的是，想探讨类似事件发生后，老师如何说话，才能让学生不仅不会抗拒，还能配合老师把事情处理得漂漂亮亮。

当C向班主任反映，背后有同学踢了她，并且后面只有A和B时，班主任应该要么搂着C的肩膀，要么抚摸一下C的头，安慰她说："老师一定会把事情搞清楚，给你讨回公道。"

C的背被别人踢了，不论轻重，都是被伤害了，班主任此时给予安抚比说道理、论对错更合适。

究竟是A踢的C，还是B踢的C，C并不清楚，班主任必须亲自询问A和B。既然事情牵涉三个人，那么就应该把这三个人召集在一块，把事情摆在台面上说清楚。

班主任在询问真相之前，要给学生做一个心理建设："你们不要有任何心理压力！这件事情我既不会上报学校，也不会向你们的家长投诉。老师只是想了解事情的真相，以便做出最准确的判断。我绝不冤枉任何一个同学，也不会指责和打压踢人的同学。我相信任何事情发生，都有其理由存在。"

心理建设的目的是让这些小女生放下心理防御，从而敞开心扉把事情的真相说清楚。班主任千万不要一副黑脸包公公事公办的样子，真相都没搞清楚，就大道理一大堆，那样学生会非常反感，内心特别抵触。班主任只需要把自己当作第三方，弄清真相，帮助学生调解矛盾即可。

做好心理建设之后，班主任就可以分别向 A 和 B 发问了。建议用选择疑问句的方式发问："A（或者 B），你踢了 C，还是没踢 C？"反正 C 背后就只有 A 和 B，非 A 即 B，并不难判断，但一定要她们自己承认。

不论是 A 还是 B 做出踹人的动作，班主任都不要急着评价，更不要拿处分来吓唬学生，而是要心平气和，进一步挖掘："你能告诉老师，你为什么会踹 C 吗？"

前文 A 不是说了一句，C 骂了她吗？班主任听到这个理由时，千万不要这样说："别人骂了你，你就要踹人家，假如有一天我批评了你，你岂不是也要在我背后踹一脚？"这哪里跟哪里，完全不在一个层面上。我在教育的实际场景中听过很多类似的教育语言，很不恰当。

班主任听到 A 说 C 骂了她时，该如何反应呢？马上共情啊，同理心比说教效果好太多了。班主任此时可以这么说："哦，C 骂了你呀，理解理解，心疼你 3 分钟。换作我被别人骂了，一时半会儿也消化不了。C 是在什么场景下，怎么骂你的呢？"千万别这样说："一个巴掌拍不响，你不骂她，她怎么会骂你？"就算有这种可能，班主任也要克制表达，不可任性妄为地本能式表达。

这一步一步深挖，就挖到了七年级学生还没认识到关系的重要，还不懂得如何与身边同学建立关系的问题上。班主任处理完这件事，之后还必须开展"如何建立健康友善的同学关系"的主题班会活动，教给学生人际交往的策略以及应对突发人际矛盾的方法。

真相水落石出后，班主任要语重心长地对 A 和 C 说："你们两个都是老师的掌上明珠，被我捧在手心里的人，你们两人吵架，我怎么可能置身事外？我的掌心会疼啊，我的心里会难受啊！"女孩是感性生物，共情能力比较强，对女生要多讲感受，少讲道理。

待两个女孩心平气和后，班主任要教给女孩基本的人际矛盾的应对方法：

女孩C："遇事闭嘴2分钟，想好了再说话。骂人只会给自己惹来麻烦，而且有损自己的形象，你在别人眼里就是低素质的人，朋友会越来越少。学会闭嘴比学会说话更重要！"

女孩A："遇事冷静3分钟，实在忍不住想要发泄，可以去运动或者大吼一声，切忌攻击他人身体。人在情绪激动时，说话、做事都没分寸，很容易口不择言，心不对口，手脚不听使唤！学会管理情绪比争强斗狠重要，真正的狠人都是搞定自己而非他人！"

最后，班主任要征询两位女孩的意见："C，你开口骂了A，打算怎么与A解释？A，你踹了C，打算怎么善后？这件事没有对班级其他同学产生负面影响，也没损坏班级荣誉，属于班级内部矛盾，而且是私人化的小摩擦。老师不会因此批评你们，更不会处罚你们，至于家长那边，我觉得根本没必要去给他们添堵。给你们3分钟时间权衡利弊，然后再给你们3分钟和解。如果你们自己能通过沟通和解，老师会特别骄傲。如果你们放不开，感到尴尬，老师作为中间人，可以帮你们握手言和。"

学生之间，尤其是女生之间产生矛盾，班主任一定要情感先行。只有把师生之间的情感酝酿到位了，老师说话学生才会听。情绪化表达、价值判断、公事公办、威胁、生气等，都要尽量规避。

六、男孩子喜欢在公开场合谈论性话题，班主任怎么引导？

八年级男孩小D，身材颀长，脸蛋白皙，鼻梁上架着一副近视眼镜，看起来柔弱斯文。据他的班主任说，这孩子情商与智商齐飞，颜值与口才俱佳，妥妥一名优等生。

小D虽然有颜有才，但在班上并不招大家待见，因为他有个令别人尴尬的特殊爱好，那就是特别喜欢跟周边的人说与性有关的话题，比如男性生殖器的长短、大小，手淫，遗精等。班上二十几个男生，组团公开谈性话题的也就四五个，他是当之无愧的"团长"。甚至旁边有女生时他也不避忌这类话题，这种行为当然会遭到女生白眼。更严重的是，他还会趁某些男生不备之时，伸手掏人家的裤裆。曾有男孩不堪忍受他的恶劣行为，到学校德育处投诉了他。

为什么小D对性话题如此感兴趣呢？步入青春期，身体分泌性激素使得他产生了性欲望和性冲动，这是他热衷性话题的主因。但八年级的男孩，已经全面进入青春期了，为何别的男孩懂得规避公开谈论性话题带来的风险，而小D却乐此不疲呢？这应该跟他未形成正确的性道德观有一定的关系。

鉴于上述情况，班主任该如何与男孩说道这件事才恰当呢？

班主任需要找个比较私密的处所，让男孩觉得不会有被偷窥和窃听的风险。首先是真诚恭喜男孩长大了，且发育正常！其次是恭喜他能融入男性群体，不是什么异类、孤僻人士。再次才抛出他当众谈论性话题的事情。在抛出此话题时，班主任一定要客观、真诚，所说的话不可带有否定、讽刺等价值判断方面的内容。

抛出话题，开启聊天的模板

小D同学，我多次听你在教室里与同学谈论与性有关的话题，有时女生在旁你也不避忌。同时，也有同学向我反映，说你无所顾忌地谈论性话题给他们造成了心理上的困扰。对于此事，我不做价值归因，也不做道德评判。我特别理解，也认同你的性心理发展。进入青春期的男孩有哪些性心理特点呢？这个问题你务必要了解，我也想跟你真诚地聊聊。

一是对生殖器好奇。进入青春期的男孩，性激素大量分泌，第二性征开始出现。你对自己，以及对他人的性器官产生好奇均属正常，不必给自己套上一个可耻的枷锁。

二是有性欲望和性冲动。男孩进入青春期，只要生理发育正常，性成熟后性激素水平就会迅速升高，高到一定程度后就会产生性欲望和性冲动，也就是对性感兴趣。这包括爱看言情小说，做有性内容的梦，出现性的幻想和憧憬，聚众谈论性话题，性欲强烈时还会发生手淫的自慰现象。

三是渴望引起异性注意。男孩渴望引起异性注意的表现有很多，比如在体育课上展现自己的矫健身姿和高能动作，在数学课上展现自己超强的逻辑思维能力和计算推理能力，在美术课上展现自己的绘画天赋和手工技能，在班级活动中展现自己的组织策划能力……还有展示自己的身材、发型、服装、运动鞋等来吸引异性注意。当然，不可否认的是，当众谈论性话题也是想吸引异性的注意，同时也是想向他人传递我长大了，我发育正常，我有性的欲望，我渴望与异性交往的信号。

四是对性知识发生浓厚兴趣。进入青春期的男孩，渴望了解与性有关的所有知识，看到与性有关的文字都可能会浮想联翩。可是绝大多数父母都不会与孩子开诚布公地谈论性知识，很多老师也没及时跟进学生的性心理发展，导致学生的性知识跟不上性发育的步伐，性道德建设也严重滞后。

五是证明自己长大了。很多进入青春期的男孩会通过讨论两性话题、说粗话等方式来表达自己的成人气概和证明自己的成熟，越是大人保密的事，他们谈论得越是起劲。

由此得出结论：小D并非道德败坏之人，而是身体进入青春期，产生了性好奇、性欲望和性冲动。这些与性有关的生理现象，纯属正常，班主任和班上同学都不应该戴着有色眼镜去评判小D的行为。

但是，小D在公共场合，不分性别地谈论性话题，给其他同学造成心理不适的行为是不妥当的。另外，他趁其他男生不备，伸手掏人家裤裆，触摸人家生殖器的行为更是错误的！关于这两点，班主任要严正告知小D，他的行为给别人造成了困扰，老师和同学都不接受！严正告知后，则要提出明确的要求，勒令小D立即改正。

提出要求，勒令改正的模板

小D，每个人都会经历身体发育这个阶段，你所产生的那些行为，老师当初也不可避免地出现过，所以老师表示理解，绝不会因此小看你。但你在教室里当众谈论性话题，在班级群里公然贴出与性有关的文字，严重忽视了他人的感受，破坏了公共空间的文化生态。你不顾他人反对伸手掏裤裆触摸其生殖器的行为，往小里说，是缺乏身体边界；往大里说就是猥亵。你给他人造成的心理阴影已成事实。老师要求你从现在开始规范你的语言，收敛你的行为。

◎ 不可以在教室里公然谈论与性有关的话题。

◎ 不可以故意当着女生的面谈论手淫、遗精等与性有关的话题。

◎ 不可以在班级群里发表与性有关的文字和图片。

◎ 不可以在自己和他人的书本上写或画与性有关的内容。

◎ 凡他人背心、裤衩覆盖的地方，不可以触摸。

◎ 绝不可以掏其他同学的裆部，即使对方允许，也不可以伸手触摸。

为什么有如此要求呢？性需求是动物之本能，纯属正常，我们要给予充分的尊重，但人是社会性动物，必须遵守社会公德。性是本能，但生而为人，就要讲性道德！那么健康的性道德有哪些标准呢？

一是私密性。也就是说与性有关的话题、行为，都具有一定的私密性，必须在私密空间进行。将性拿到大庭广众之下来言说或者演示（教学和学术讨论除外），轻则是不知羞耻被视为缺乏公共道德，重则是传播淫秽内容被视为犯法。

二是互愿性。不论是说，还是做，性都必须在双方同意的情况下进行。只要对方不同意，就必须终止。小D在公开场合谈性，不少男生以及女生都表达了强烈的反感。按照互愿的原则，小D在接收到其他同学反感的信息后，就要立即紧闭嘴巴。其他男生不接受触碰生殖器，小D的手就不可乱伸。即使对方同意，在公共场合做出此等行为也有违公德，会遭到他人的反感和白眼。

三是无伤性。自嗨也好，性幻想也罢，只要不在公开场合展示，不对他人的身体造成伤害，不对他人的心理造成困扰，就纯属私事，别人无权置喙。小D在公开场合肆无忌惮地谈性，不顾他人感受强行触碰隐私部位，虽然没有对他人的身体造成伤害，但已经给当事人造成了严重的心理困扰。此等行为有违性道德，他如若执意妄为，轻则会受到道德谴责，重则会受到法律制裁。

最后还要建议小D，尽量不接触色情信息，少谈论性话题，减少个人独处的机会，多培养兴趣爱好，把注意力转移到健康的爱好上来。

七、学生恋爱了，班主任怎么说才不会适得其反？

花花与瓜瓜均是九年级学生，且在同一个班级。两人恋爱的事已经不是秘密。这两人胆子特别大，竟然在班里当着同学的面展示亲密行为。两人亲密的举动引起了同学和老师的不适与反感。此时，作为班主任的我，该如何与花花和瓜瓜讨论这件事，才能令两个处于恋爱期的孩子冷静下来呢？

首先，我在与这两个孩子正面交锋之前就掌握了沟通的黄金定律：绝不可以对孩子的感情进行价值判断，比如早恋有害，此举纯属动物本能；绝不可以对孩子的行为进行道德定性，比如道德败坏，伤风败俗。

其次，我在与这两个孩子正式交流时，很真诚地告诉他们：老师尊重你们的感情，也羡慕你们有不顾他人非议的勇气。

我为什么要这样说话？是为了讨好学生吗？是为了息事宁人吗？当然不是！我是为了表示对生命的尊重，因为每个人都有追求爱情的权利。还有就是为了表示对步入青春期的孩子的体谅，每个进入青春期的孩子，亲情、友情都已无法满足他们情感世界的需求，他们需要一种叫"爱情"的情感来填充他们的感情世界。

说到这里，可能有人会反驳我说："这两个孩子尊重他人的感受了吗，体谅他人的处境了吗？教室是公共场所，是用来学习的地方，他们无视同学与老师的存在，做出有违公序良俗的事来，你还对他们和颜悦色，好言相劝。请问，你置其他同学于何地？"

这种反驳我能接受，我心里也是这么想的。但凡有点隐私意识和公德心的学生，都不会在教室里做出这种逾矩的行为。关键是，这两个孩子不具备这些意识，在他们的眼里和心里，没有他人，也没有公德，有的只是自己情感的需求与释放。站在道德的制高点去责骂他们，只会激发出他们的叛逆心，最后让他们把羞耻心和道德感全都藏起来，只留下叛逆心来与老师作战。

对于这类"恋爱至上"的学生，我是不会棒打鸳鸯的。关键是，打也没用！越打，拧得越紧，最后活生生把他们变成我的仇人。那么，我要怎么说，才不会适得其反呢？

1. 首先表达羡慕，然后表达尊重，最后表示理解

我在约请花花与瓜瓜之前，在学校寻了一个安静之隅。我将花花与瓜瓜找来，搂着他们，真诚热切地对他们说道：

> 看到你们肆无忌惮地互相喜欢，我真的好感动，好羡慕！也只有青春年少的人才会无所顾忌地去喜欢一个人，无关金钱，更无关社会地位，满眼满心只有这个人。换作我这个年龄，让我无所顾忌地去喜欢一个人，简直比登天还难，这背后不知道有多少考量。
>
> 我情窦初开那阵，很渴望有一个我喜欢的且喜欢我的人出现在我面前，与我一起听课、刷题、玩耍。我觉得那是天底下最美好的事情，所以我一定会尊重你们的感情。我会竭尽全力保护你们，绝不会让你们受到任何伤害！
>
> 你们目前恨不得每时每刻都腻在一起，情到深处时还会做出一些亲密的举动，这一点我非常理解，所以我绝不会当众责骂你们。我之所以把你们邀约到这个僻静之所，就是不想给你们造成负面影响。

这番话情真意切，合情合理。原本绷着神经打算来与我战斗的花花与瓜瓜，

突然很放松了，羞涩地、不知所措地发出"嘿嘿，嘿嘿"的尴笑来应和我。

不论学生做了多么出格的事情，班主任与学生谈话，最终都是为了解决问题，而不是制造新的问题。因此班主任要想办法赢得学生，让学生与自己站在一起，而不是赢了学生，让学生站在自己的对立面。

我这番话就赢得了花花和瓜瓜的心。他们对我不再心怀警惕，而是愿意听我继续往下说。我与花花、瓜瓜三人处在同一个生命场，我们现在需要互相成全。

2. 故事引入，分析利弊，规避麻烦，把爱情利益最大化

我给花花和瓜瓜讲了一个我以前的学生谈恋爱的故事。

他们彼此喜欢，谁都知道这件事，谁也没有非议他们。因为他们在谈恋爱时非常克制，既没有在公开场合做出令大家不适的举动，也没有在私下场合发生不该发生的行为。他们彼此欣赏，互相鼓励，成了令大家羡慕的一对璧人，连我这个班主任都由衷祝福他们。他们的感情成了班上一道亮丽的风景线，也成了"早恋"学生的正面教材。

这就说明，恋爱不是不可以谈，而是不可以乱谈。凡是损坏自身利益和破坏他人前途的感情，都是有过错的。凡是在公共场合给他人造成不适的感情，都是被他人鄙视的。我不希望我的学生纯洁的感情被冠以各种难听的名号，也不愿意我的学生因为谈了个恋爱就被他人小觑。我希望你们有尊严地、大大方方地谈一场恋爱。

那么如何才能有尊严地谈恋爱呢？

首先，男女感情最重要的就是忠诚，因此，两人在感情存续期间，不可有第三者介入。

其次，男女感情特别重视私密性，因此，即便两人情到浓时，也不可以在公共场合做出诸如搂抱、亲嘴、坐大腿的亲密举动。

再次，男女感情还要遵守无伤原则，也就是不可以伤害对方，也不可以伤害到身边的人。

最后，男女之间如果是真爱，说话做事就均要为对方考虑，不可以置对方于不利之境。

我没有否定花花与瓜瓜的感情，也没有对他们的感情进行价值判断，他们对我的言说不仅没有抵制，还非常认同，保证今后不会在教室里做出过分的举动。我不仅对他们的行为提出了要求，还对他们的感情给出了建议，他们均表示完全接受。

我对他们的反应表示满意，也对他们的保证表示信任并充满了期待。师生谈话到此结束，他们两人在我平静的目送下愉快地返回了教室。

事情到此是不是就结束了呢？事情当然没有这么简单。毕竟未成年孩子心智不成熟，他们在应对生理反应时理性不足，克制不够，稍不注意就会本能式表达。尤其是花花和瓜瓜还处在亲密期，他们的身体还在大量分泌一种叫苯乙胺的化学物质。这种化学物质会令他们产生恋爱的高峰体验，一日不见如隔三秋。同时，这种化学物质还有很强的"副"作用，会令恋爱中的男女在滤镜效应下把对方的优点无限放大，对对方的缺点视而不见，还会把旁人的善意劝阻理解为恶意阻拦或嫉妒生恨。

处于此种状态下的男女，不论老师说得多有道理，他们都会充耳不闻；无论他人怎么阻拦，都无济于事。有一天他们会不会后悔？当然会后悔！因为苯乙胺的分泌是有有效期的，一旦有效期结束，男女之间的好感度就会慢慢降低，最后甚至无感。

班主任需要知道爱情的真相并有一颗等待的心，更需要一颗慈悲心，就是在孩子处于热恋期时，保护好他们不要受到身体和精神的伤害；当学生感情结束心情苦闷时，给予他们温暖的安慰和开解。

我在等待花花和瓜瓜释放苯乙胺的同时，分别约谈了花花和瓜瓜。

我教瓜瓜一定要好好保护花花，这是一个男孩的本分！一个给女孩带来困扰的男孩，是没资格拥有爱情的。瓜瓜表示认同我的观点，我顺势向瓜瓜提出要求：不可以在教室里与花花做出亲密举动。教室里的第一关系是同学关系而非情侣关系。当然，我也叮嘱瓜瓜不可以向花花提出性要求，毕竟两人都未成年，一旦超越了相处底线，很有可能会造成不可收拾的局面。

我叮嘱花花一定要保护好自己。女孩在男女感情中的博弈，身体始终是处于下风的，一是因为女孩体力不及男孩，二是因为女孩会怀孕。花花未必会做出格的事情，但老师必须要想到最坏的结果，因此要提前预设，除了教女孩自尊自爱外，还要教她们做好保护措施。

我的谈话策略有没有效果？在花花和瓜瓜身上效果显著。自那以后，他们的行为收敛了，学习也稳定在原来的状态中。

事后我也多次反思、梳理我与花花和瓜瓜的谈话内容。我庆幸我没有说神话，高高在上又玄又虚，全是正确的废话。我也庆幸我没有说鬼话，一言不合就否定学生的感情和人品。我庆幸我说了人话，站在人的立场上，理解人的需求，给予了学生尊重与支持。当然，我也没放弃原则，对学生的行为放任自流。

第五辑

课堂管理怎么说

一、自习课上学生特别吵，班主任怎么说才能让学生快速安静下来？

现在的中小学生，不论大小，但凡上自习课，只要老师不盯着，就要叽叽喳喳说闲话。有些班风较差的班级，甚至还会出现吵闹的现象，搞得想学习的孩子无法静下心来学习。遇到此类情况时，班主任该怎么说话才能控制住局面，让学生快速安静下来呢？

第一种是一拍桌子，脸色一黑，声色俱厉地吼道：给我闭嘴！学生被突如其来的声音吓到，会立即闭嘴。这个招数简单粗暴有力量，效果立竿见影，但很像黔之驴的套路，演几遍就无效了。若再想控制局面，暴力就要升级。这样一来，老师的棋局必将陷入死局。

第二种是开启啰唆模式，给学生讲道理，摆事实。诸如论学习的重要性，提出论点，抛出论据，最后得出结论。道理说得很圆满，但学生假装听不懂，更不愿意执行。诸如论好习惯的养成，抛出若干条好处，但学生就一句：与我有什么关系呢？啰唆招人烦，空讲大道理讨人嫌。班主任们一定要牢记"少说话，多做事"的千年古训。

第三种是熬煮心灵鸡汤，妄图以情感打动学生。现在的学生特别精，班主任抒情时稍有不慎，就会被他们认为在作假。再说了，师生关系并非强制关系，感情很难绑架他们。此方法虽然温馨悦人，但用的人太多了，学生见怪不怪，就不容易被打动。

这三种说话模式都是班主任们热衷使用的，但效果确实不佳。班主任需要做些调整，或者说还需要做些刻意的自我训练，才能不费吹灰之力地把控住局面。下面我为班主任们定制几款话术菜单，供大家根据自身风格选用。

第一款，用身体说话。

这款属于通用版，每个班主任都可以刻意训练而成。当学生吵闹时，班主任暂不开口，而是笃定地站立讲台中间。站立时，两脚与肩同宽，腰背挺直，目光炯炯，表情不喜不怒，气场瞬间就出来了，自然而然就会给学生一种威严感。如果班主任觉得此动作霸气不够，还可以做一个双手叉腰的高能动作。随后抬起双手，做一个篮球裁判要求暂停的手势。最后，班主任的目光指挥着暂停手势对全场进行环形扫视，左三圈，右三圈地扫视下来，全场定然鸦雀无声！

第二款，平静地表达自己的愤怒。

这款适合身体强壮、气势恢宏、自带霸气体质的班主任。我们都知道愤怒是有力量的，但表达不同，力量呈现出来的效果是不一样的。班主任若气急败坏地表达愤怒："你们眼里还有没有规矩？有没有我这个班主任？有没有身边的同学？既然你们都不把我放在眼里，我为什么要把你们放在心里？一个个真是不知好歹！"这种暴风骤雨似的愤怒，确实会让全体学生哑然，他们确实能感受到老师的力量，但那只是雨打芭蕉的感觉。"反正又不是针对我个人，听着还蛮有趣。老师，求你最好一直这样骂下去，不要上课就太爽了。"老师要懂学生的心思，千万不要被他们牵着鼻子走。

释放力量的正确方式是：班主任首先调整好自己的表情——云淡风轻，气定神闲，以显示自己可以掌控全局，这也是领导力超强的表现。接着调整好自己的语气——低沉而铿锵，一字一顿地说："今天你们的表现让我很愤怒！""愤怒"这个词一定要说得低沉而有力量，甚至还可以说得咬牙切齿。就是要给学生一种感觉："你们错了！大错特错了！你们必须立即改正自己的缺点！"最后还要加一句表明班主任立场和态度的话："我绝不接受你们在自习课上随意吵闹的行为！"

短短几句话，配上云淡风轻的表情和铿锵有力的声音，学生无有不服，教室吵闹的局面瞬间就被控制住了。经常有班主任说，现在的学生真不服管！所谓"服管"，首先要"服"，才甘心被"管"。如若学生都不服你这个班主任，那你怎么去管他们呢？

第三款，不生气地发火。

这款适合体格娇小、性格温和的女班主任，但有些剑走偏锋，毕竟发火的前提是"不生气"。可很多女班主任就是很容易生气。殊不知一生气就输了，学生就会理解为，他们在自习课上吵闹，班主任只是生气地骂几句就完了，不就和他们家里那个啰唆的妈妈一样吗？谁怕她呀！

因此，班主任一定要进行职场人的专业修炼——喜怒不形于色。班主任在发火时，一定要将情绪保持在平和稳定的状态下，这样可以规避乱说话的风险。最好借助一些道具，比如戒尺，发火前用戒尺敲击一两次讲台，将学生的注意力引到班主任身上，然后再如黄河之水滔滔不绝："看你们这群人，把个自习课搞成一个自由市场，闹哄哄的，无组织无纪律，这像话吗？这就是一个优秀班级的表达方式吗？这就是未来成功人士的早期生活吗？这就是我呕心沥血带出来的好徒弟吗？这就是我要送进重点学校的好学生吗？你们就是这样给我长脸的吗？"班主任尽管大胆地、反复地使用反问排比句，排山倒海般，压得学生无法喘气，根本不容他们辩解，让他们在你的质问之下心生愧疚，然后赶紧闭嘴！

有些班主任天生气息弱、声音细，说不出排山倒海、气势恢宏的话来，怎么办？那就借助扩音器，用扩音器把排山倒海的排比句扩散出去，音量吓人，效果惊人！

发完火，学生也安静了下来，班主任就不要再啰唆了，更不可一脸释然，嫣然一笑，那会异变全场的严肃气氛，也会前功尽弃。班主任要装作什么事都没发生的样子，即便前脚霜雪满天，转身也要春暖花开，一切都要了无痕！

这种能掌控全局，能轻松驾驭自己情绪的班主任，即便娇小，哪怕温和，在学生心里也很有力量！

第四款，特意点名提醒闲话群体中的风云人物。

这款适合那种不善于驾驭情绪和语言的老师。这种老师往往多说多错，容易触礁，稍有不慎还会破坏师生关系。那么，要怎么说才能一语中的呢？

建议班主任在情况未明时闭紧嘴巴，把精力放在观察学生的行为上。怎么观察呢？放眼整个教室，观察哪个区域是吵闹的重灾区，找出吵闹大军里的小头目，毫不客气地点其名字，果断干脆地说道："××，请闭上你的小嘴！××，请你安静地学习！××，请调整好你的表情！"老师只需要严肃地向同学提出要求，不要对同学的行为做出价值判断，那些被点名的同学就立刻噤声了。

最后有个不用说话就有大效果的福利放送：既然学生有心思说闲话，那就说明他们很闲。俗话说"无事生非，闲人惹事"，那就找点事情让他们干！最好的事情就是，准备一些小测试（我美其名曰"每日甜点"），让他们拥有一场说考试就考试的人生体验！学生忙着学习去了，哪有心思说闲话？

二、学生不愿意开口读书，班主任怎么说才能让学生愿意张口？

学生为什么不愿意开口读书？

◎ 认为自己读得不够好，不好意思读出声音来。

◎ 没有养成开口读书的习惯，一时难开口。

◎ 对于开口读书的作用没有正确的认知，认为开不开口都无所谓。

◎ 习惯无声阅读。

◎ 胆子小，害怕在大庭广众之下开口读书。

◎ 厌学，对开口读书没兴趣。

◎ 觉得自己的声音不好听，读出声来怕被别人讥笑。

面对这种不愿意开口读书的学生，作为科任老师尤其是语文老师的班主任该怎么说，才能让他们愿意张口呢？

首先，要真诚地向学生说明开口读书的好处。

这里我特别要强调"真诚"。也就是班主任说话时不要生气，更不要讽刺，而是要真诚平和地说道：

我为什么要强调开口读书呢？因为开口读书有很多好处，这里着重介绍三种：

一是可以训练语感。所谓语感，是指直接、迅速地感悟语言文字的能力，是语文水平的重要组成部分。语感强的人，一旦接触到语言文字，就能快速、敏锐地抓住语言文字所表达的真实意思，并且能捕捉到言外之意、弦外之音。语感差的人，接触语言文字时，往往是一脸迷茫，难得要领。语感强，获取信息的效率就高，在竞争中所拥有的素质资本就会充足一些。时代要求人们必须具备高度的语感水平。

《黄帝内经》说："心开窍于舌。"通过动口朗读，舌动、窍开、心明，从而开慧增智。书声琅琅入耳，智慧潺潺出心。

二是可以培养胆量。胆子小的人，尝试着开口读，先小声，后大声；先在角落，后在大庭；先对个人，后对大众，慢慢地，胆子就变得大起来了。以前在大家面前说话结结巴巴的人，大胆朗读之后，就能从容淡定、大方得体地在大家面前说话了。

三是可以刺激大脑。人在诵读时，口腔、肌肉、舌头、气流等的运动可以激活大脑多个区域的活动（特别是额叶、颞叶和顶叶），还可以使大脑皮质的抑制和兴奋达到平衡，血流量及神经功能的调节处于良好的状态。坚持诵读，大脑就会变得灵敏好用，记忆力、注意力等学习能力就能得到提高。

班主任把道理说清楚了，学生是不是就会自动开口读书了呢？很多学生听得心动，但就是不行动，弄得班主任万般无奈。前面所说的道理，无非是为后面的行动找个靠谱的依据。

真正有效的，还是一边说，一边对学生进行训练。

具体怎么操作呢？

▶ 利用早读时间训练。

班主任一进教室，就要充满激情（班主任必须要有激情，无激情就无感染力，就不能激励学生）地说："孩子们，翻到课本第53页，跟着我一起读！来，扯开喉咙，大声读！声情并茂地读！读！再读！大声读！有感情地读！好！表现得非常棒！再来！特别好！已经进入状态了！效果好极了！尤其是××（要点名表扬胆子小、不爱读的学生），声音洪亮，表情自然，读得很流畅，感情很真挚，我已经感觉到他的语感水平在提升了！"

班主任在表扬学生时，不需要强调过程，也不需要客观陈述，只需要煽情，不断地煽情，以此刺激学生的脑神经，让他们的大脑处于兴奋状态。

学生受到激励和鼓动后，就会卖力地开口读书。如此反复，学生开口读书的习惯就习得了，胆量就增加了。

▶ **让胆子大、朗读好的同学做示范。**

班上一定有朗读水平非常高的孩子，班主任要给这些孩子展示的平台。当这些孩子在台上展示的时候，班主任要不吝赞美："声音太美妙了，像百灵，像夜莺，清脆婉转，真是让为师大饱耳福啊！"然后请所有的同学，翻开手上的课本，跟着这些同学一起大声地读。读出感情，读出美感，读出自信，读出气壮山河的气势！班主任赞美这些敢于朗读、善于朗读的孩子，目的是告诉其他孩子，班主任欣赏的、喜欢的，就是敢于开口读书的孩子。

▶ **对个别不愿开口的学生进行一对一辅导。**

所谓"万事开头难"，只要学生开了第一次口，就不怕他不开第二次口。对于那些胆子特别小，对读书特别无感的学生，班主任不要指责，也不要放弃，而是要对他们进行一对一的辅导。方法上可以采用"三三制"或"四四制"，也就是三个字一组，或者四个字一组地读。语速可以慢，但声音不可小。学生读书时，班主任就在一旁提醒："节奏！注意节奏！放慢！再慢一些！提高声音！再提高一些！还要大声一点！"一边说，一边还要配合着平移、上扬的手势，同时还要不断地给学生点赞。通过这样的一对一辅导，学生大多都会开口读书。

最后回到"说"的技术层面做个小结：在调动学生读书的积极性这一点上，班主任说话，只管感性地表达赞美就好！赞美时还要特别有激情，肢体语言和口头语言都可以比平时更夸张一些！

三、学生在课堂上捣乱,班主任怎么说才能让学生停止?

说起学生课堂上捣乱的行为,没有不感到头疼的老师。学生的捣乱行为降低自身的学习效率不说,还败坏老师讲课的兴致,干扰周边同学的听课状态。既然捣乱行为产生的副作用如此之大,那么班主任作为上课的老师,遇到有学生在课堂上捣乱时,该如何说才能及时有效地制止学生的捣乱行为呢?

1. 用愤怒的眼神制止捣乱行为

班主任们可别一看到"愤怒"就一脸惊吓:"学生可是未成年人啊,是受教育者,我身为老师,在课堂上向学生表达愤怒,会不会被他人质疑为不懂教育啊?"姑且不管他人的质疑,管理好自己的课堂,让每个孩子好好学习,天天向上,这才是大事!愤怒是一种力量,班主任就要把力量大胆地释放出来,以制止学生在课堂上表现出来的不良行为!只是班主任们在操作的时候,需要找到一个合适的小工具。在此,我抛砖引玉,抖一个工具出来:

假如学生正在不亦乐乎地捣乱,搞得周遭同学的注意力全到他身上去了,把班主任讲的重点、难点,全都当成耳旁风,那么这个时候,班主任就不能假装没看到,也不能假装生气,而是要让学生感到班主任在真生气:沉默不语,表情严肃,眼神凌厉,然后,定定地,或者直勾勾地逼视那个捣乱的学生,直到把他盯得意识到自己的错误才作罢。

班主任长时间把愤怒的目光聚焦在某个人身上的这种沉默，特别有力量。这份力量释放得当，就如有千钧，捣蛋的学生立即就会收手，尴尬地进入听课状态。一旦捣乱学生罢手，其他学生把心收了回来，班主任就不要借题发挥了，而要若无其事地继续讲课。

2. 走到学生身边喝令其停止捣乱行为

有些学生情商低，眼力见儿不够。即便班主任目露杀气，愤怒地盯视着他，他也没反应，不仅没停止捣乱，还搞得更欢脱了。这个时候，班主任就要一边讲课，一边走到该学生身边，不要着急，也不要失态，稳稳地站定在该学生身旁，低沉有力地断喝一声：停！就一个字，力敌千钧！此时千万不要对学生的捣乱行为进行评价。万一该学生脑子转得快，嘴巴又厉害，胆子还特别大，他就要抓住老师的评价性话语进行回怼了。事情如果演变到这个地步，就不是学生课堂捣乱这么单纯了，而是师生矛盾冲突，还搭上了其他学生的学习时间，整个课堂上，没有谁是赢家。正确的做法是班主任喝声一出，学生行为一停，班主任就若无其事地继续讲课。先心平气和地把课讲完了，再找时间跟捣乱的孩子谈话，帮助他改掉这个坏毛病。

3. 一对一表达自己的真实感受

课间时间，将捣乱的学生约到一个僻静的地方，问他："你觉得老师今天的做法让你难堪了吗？"班主任发问时就选用这种是非问，使学生只能做肯定或者否定的回答。很显然，班主任在课堂上只断喝了一个"停"字，又没有做任何评价，学生一定会回答没有。学生只要做出了这个否定回答，就能听进去班主任后面说的话了。

班主任可以这样说："我在课堂上百般维护你的脸面，你却没把我当回事，让我没法认认真真讲完一堂课，我真是太难受了！"

这句话的潜台词就是：为了保住你在同学面前的颜面，我哪怕丢尽脸面也在所不惜，我可是把你装在我心里啊！可你呢？不停地伤我的心！

此时是师生一对一的表达，班主任重点表达的是自己的感受：难受！学生听到这里必然心生内疚。

班主任一旦体察到学生的内疚情感，就立即向学生提出要求："哎，××同学，请你记住，今后在我的课堂上管住自己的手和脚，千万别影响到我讲课，干扰到同学听课，好吗？"

班主任真诚地向学生提出请求，并且还用了商询的语气，学生莫不应允。学生应允之后，班主任最好与学生有个约定，并且还要搞得有点仪式感，比如，与学生击掌为誓：学生在老师课堂上绝不捣乱，老师也绝不无端指责学生！

在此我还得说句真话，教育没有我们想象的那么容易。学生即使真心实意地向老师承诺今后一定会改正自己的不良行为，过段时间，很有可能还会再犯，变本加厉也未可知。对于这种"认错极快，坚决不改"的学生，班主任该怎么说呢？当然不能气急败坏地责骂他们，而是要耐着性子提醒："记得我们的约定哦！"

班主任采用上述三大策略确实可以有效地减少课堂上的捣乱行为，但必须有个前提条件，那就是捣乱的孩子并非故意为之，只是自控力差，或者有注意力缺陷。这些策略对于那些故意捣乱的孩子，未必有效。因此，班主任在采用上述言语表达时，还需要进行适当的惩戒，方能保证自己和其他学生的权益不受侵害。具体如何惩戒呢？我是这样做的：

首先，给每个学生三次课堂违纪的机会。也就是说，学生在课堂上捣乱的前三次，都可以得到我的原谅，但如果第四次犯同一个错误，我必定严惩不贷！人家颜回可以做到"不贰过"，行吧，他是孔子的学生，师高弟子强！那么我的学生，至少可以做到"不四过"吧。做不到，那就乖乖受罚！

其次，惩罚的目的是让学生学会自我教育，所以，我会给学生一张表格。第一栏：生动形象地描述自己在课堂上的捣乱行为。描述的目的是让学生还原现场，以局外人的身份再看场里那个自己的所作所为究竟好不好。第二栏：分析自己捣乱的动机。一个人若想自我成长，就必须学会解剖自己。我经常给学生转述鲁迅先生的一句话：真正的勇士敢于直面惨淡的人生，敢于正视淋漓的鲜血。因为之前做了心理建设，所以学生基本上都愿意直面自己的错误。第三栏：扪心自问，课堂捣乱会对他人造成哪些负面影响？这些负面影响将会通过我和其他学生的讨论呈现出来，捣乱的学生不难从中发现他们的行为对他人造成的伤害。不论这个学生内心有多强大，观念有多固执，你让他个体对个体，他未必胆怯，但如果他的对立面是整个群体，他的尾巴就不得不夹起来。第四栏：对自己的课堂表现提出具体要求，并逐条罗列出来。

最后，自请惩罚。既然敢犯，那就该罚！怎么罚呢？一是向学生提供教育部 2020 年颁发的《中小学教育惩戒规则（试行）》文案。虽然是试行，但毕竟是教育部正经颁发的文件，是有理有据的惩罚，学生不敢置喙。二是让学生自定惩罚，比如跑操场，比如做深蹲，比如取消校本活动。

总之，罚的目的是让学生知道，他的这个行为不受老师和同学的保护，他的这个行为伤害到了他人的感情和利益，他若不改正这个行为，将不被这个群体接纳。一句话，一个总是给别人带来麻烦的人，没有人喜欢他！

四、学生在课堂上走神，班主任怎么说才能拉回学生的思绪？

学生在课堂上走神是什么样子？据我长期观察：身体僵硬，目光僵直，看起来像是聚焦在某一处，实际上眼里空洞无物；有时面无表情，有时面带笑容，有时脸上还会飞两朵红云……外面的世界再喧嚣、再热闹，走神者都充耳不闻，他们完全沉醉在自己臆想的世界里自得其乐。老师在用生命演绎激情，走神者在用生命魂游太虚。一节课下来，老师觉得把自己脑子里的知识都掏空了，可走神者的脑子里还是空空如也。

走神美则美矣，但会影响学习。那么班主任在上课时该如何说，才能将走神者的思绪拉回课堂呢？

1. 善意地调侃

特别提醒，学生愿意被老师调侃的前提是师生关系和谐，班级人际氛围友善。如果没有和谐的人际关系打底，那么学生就很容易把老师的调侃理解为恶意的讽刺。

我给班上喜欢走神的学生扣了顶"大师"的帽子，全名叫作"走神大师"。当他们走神时，我就会善意地调侃道："大师，你是去了峨眉派，还是逍遥派？"或者说："大师，你是上了仙界，还是下了魔界？"如果是男孩子在走神，我还会调侃道："你有没有见到小仙女啊，或者是小花神啊？"如果是女孩子在走神，我就会笑嘻嘻地调侃："你是飞升为上仙了，还是飞升为上神了呀？"

更多时候，我会结合所讲的内容临场发挥。比如我正在讲"两弹元勋"邓稼先的故事，有孩子就走神了，眼睛直勾勾地盯着某一处，我立马调侃道："大师，你是坐上邓老的免费原子弹遨游外太空去了吗？赶紧秒回呀，我们的银河护卫队队长还坐在教室里，救不了你呀！"我的话音刚落，教室里的孩子就发出了善意的哄笑。走神的孩子有些腼腆，也有些窃喜，立马正心收神，心思回到了课堂。还比如我在讲《关雎》这首诗时，正好讲到"求之不得，寤寐思服。悠哉悠哉，辗转反侧"这里，猛然看到有学生表情呆滞，眼神涣散，我立即把目光射向那个学生，脸上堆满善意的坏笑，调侃道："大师，你在预习爱而不得，夜半失眠的感受呀？滋味如何呀？"

这里我要插叙一个解释：由于我开发了男女生青春课程，里面有系列的爱情课，我跟学生早就在明面上谈过恋爱的话题，所以学生早就爱情脱敏了。因此，我在课堂上说的这些梗不会造成场面失控。其他学生最多也就是配合着我笑一笑，有开心，有戏谑，但绝没有恶意。

走神大师略显尴尬，假意辩解道："我没有啦。"我便顺势用一句"醒了就对啦"下了台阶，继续讲课。没有恶化情绪，也没有耽误时间，学生的心弦还稍稍松弛了些许，甚好！

2. 简短地断喝

断喝，就是当头一棒，将进入迷雾森林的学生一把拽出来。班主任的目的是让学生正心收神，所以一定要表现出黑云压城的临危不惧，要言简意赅、掷地有声地喝道："××大师，回来！"说到"回来"时，还要用食指使劲一勾，意即把学生的魂魄给勾回来。效果立竿见影，走神的学生立即元神归窍，意气风发地回到了我的课堂。

我常跟学生开玩笑说这是我的"招魂术"。不费时，也不耗神，更不影响我讲课的进度。没有指责，也没有评价，学生便不会产生抗拒心理，师生关系也不会被破坏。走神的学生就好像一个迷路的孩子，突然听到有人在叫他回来，心中一震，迅速转身找到了返回的路口。

3. 刻意去训练

现在的学生基本上都是在各种视听信息中长大的，所以很难长时间专注地听老师讲课，这就需要老师刻意去训练。

每节课上课前，我都有一个必备的仪式。预备铃一响，我就进了教室，站上讲台说："清空桌面，准备课堂三有！"然后用目光扫视全场。待所有学生准备就绪，我就喊上课。全班学生起立向老师问好，我也低头鞠躬向学生问好，随后学生坐下，齐呼："屏息凝神，洗耳恭听！"待学生呼声一停，我就会陈述课堂管理规则："请大家聚焦课堂！与本课堂无关的话，不说！与本课堂无关的事，不做！与本课堂无关的书，不看！与本课堂无关的游戏，不玩！与本课堂无关的心事，不想！"我说这番话的目的就是向学生表明我的课堂立场，提醒学生遵守课堂规则。当然，最主要的目的是防止学生捣乱和走神。

课上到中途时，我也会提醒学生：聚焦！把目光、心神全部聚焦在课本上，或者屏幕上，或者我讲的内容上。尤其讲到重要知识点或者学生反复出错的考点时，我更会提高声音，刻意地喊一声："看着我，听我讲！"我这一喊，全班学生的注意力就全集中到我这里来了，我所讲的内容他们就能听明白。

除了在课堂上刻意训练，平时也要经常进行听说训练。两人一组，第一轮，甲说，乙听，听完要复述；第二轮，反过来，乙说，甲听，听完也要复述。如此反复训练，就能提高学生的专注力，有效防止学生走神。

其实，防止学生走神最厉害的招数，还是老师的讲课技艺。课讲得生动有趣、张弛有度，学生的心就会跟着老师的声音和情绪游走。

还有一招就是少讲多练。我每节课都会给学生准备一份课堂甜点，只要看到学生注意力有些涣散，我就立马闭嘴，奉上或轻松、或愉悦，也有可能夹杂苦涩的课堂甜点。学生拿着这份甜点，或奋笔疾书，或托腮沉思，或颔首微笑，注意力全到我精心炮制的知识甜点上去了。

我是一个干脆利索的人，特别不喜欢课下婆婆妈妈地抓学生背字词、默古诗，也不喜欢搞题海战术。我的教学业绩，主要靠在课堂上抓。这么多年，我带的班每次考试结果都还不错，这就说明，学生在课堂上不走神，或者少走神，班级整体成绩就不会差！

五、学生总是在课堂上睡觉，班主任怎么说才能有针对性地解决问题？

王老师班上有几个学生总在课堂上趴桌睡觉，科任老师对此非常不满，认为王老师对学生要求不严，导致学生无视课堂纪律。王老师闻言深感委屈，说："现在的学生脆弱得很，打不得，骂不得，我说他们几句他们还给我翻白眼，你让我怎么去说服他们上课不睡觉？"

学生上课趴桌睡觉，无视课堂纪律，给科任老师造成了困扰。王老师身为班主任，对于学生课堂上睡觉的行为不做任何干预，显然有失职之嫌。那么王老师需要怎么说，才能让科任老师满意、学生服管、家长配合呢？

首先，不发火，不骂人，心平气和，云淡风轻，哪怕内心无比沉重，也要装作无比轻松的样子。面对问题，只有班主任表现出既淡定又坚定的神情，学生才能感受到老师的力量。

其次，将喜欢睡觉的学生找出来，进行一对一的交谈，摸清学生睡觉的真实原因。一般来说，学生在课堂上睡觉无非有四种情况：（1）身体有暗疾导致失眠；（2）熬夜导致睡眠不足；（3）心态消极导致身心疲惫、恹恹欲睡；（4）对所学内容不感兴趣，或觉得老师讲课枯燥无味，因而无所事事。

最后，有的放矢，对症下药。班主任把学生课堂上睡觉的原因摸清了，就要施展出自己的嘴上功夫，把话说到学生的心坎里。即使不能彻底解决学生课堂上睡觉的问题，最起码不会制造出新的问题。很多时候，稳住态势，不令其恶化也是教育的成功。那么具体怎么说呢？

1. 充满关怀地提醒他

对于身体有暗疾的学生，心态上要理解，态度上要温和，言语上要婉转，提醒上要积极。

身体不佳的孩子确实存在生理不适、力不从心的情况，上课趴桌小睡一会儿实属正常，班主任不必气恼，反倒应该充满关怀地提醒他："别睡太久，容易着凉啊。"对于这一类身体"不争气"的学生，班主任的理解与关怀会赐予他们力量，某一天，他们才能从"睡梦"中醒来。

当然，班主任在提醒学生"睡觉不要着凉"时，更要提醒家长关注孩子的身体状况，增强孩子的体质。

2. 毫不客气，公事公办

这招是用来对付那些晚上因玩游戏、看小说、刷抖音而熬夜导致睡眠不足，白天课上来补觉的学生的。

这类学生往往是老师讲得越精彩，他们睡得越酣然。他们身体健康，心灵健全。班主任只需提高分贝，一声令下："××，抬头、挺胸，打起精神听我讲！"大多数学生在班主任陡然一喝之下，会立马打个寒战，哆嗦之下头脑清醒，精神振作。也有那种皮糙肉厚、不管不顾的学生，对班主任的厉喝充耳不闻，那班主任就可以抬出教育部颁发的《中小学教育惩戒规则（试行）》，按照第八条里的第四点，要求学生站起来听课。厉喝也好，罚站也罢，自始至终，班主任只负责纠正学生的行为，不可对学生的行为进行价值判断。

第八条　教师在课堂教学、日常管理中，对违规违纪情节较为轻微的学生，可以当场实施以下教育惩戒：

（一）点名批评；

（二）责令赔礼道歉、做口头或者书面检讨；

（三）适当增加额外的教学或者班级公益服务任务；

（四）一节课堂教学时间内的教室内站立；

（五）课后教导；

（六）学校校规校纪或者班规、班级公约规定的其他适当措施。

除了在课堂上进行干预，班主任还需要与家长进行沟通，请求家长对学生进行睡眠管理。有班主任说："无论我怎么干预，学生就是要睡觉；无论我怎么请求家长管理，家长就是不管，怎么办？"我只能说，教育不是万能的！既然这个学生拒绝接受老师的教育，家长也不想管理，那就已经超出学校教育的能力范围了。

3.温和坚定，循循善诱，慢慢等待

我教书30来年，确实遇到不少身体羸弱、心灵脆弱的学生。他们的身体很容易疲惫，心灵很容易抑郁，学习压力稍大，身体就吃不消，趴在桌上一动不动。同学不经意的一句话，老师不经意的一抹眼神，原本与他毫不相关，但他就是能从中挖掘出许多深意来，于是神情沮丧，心情烦闷，精神委顿，趴在桌上与每个人生气。对于这类学生，班主任要学会同理共情，温和坚定地说："××同学，我这会儿讲重点啦，请集中注意力啊！"如果学生对此不予理会，班主任也不必生气，一定要相信，这样的学生是真实存在的，班主任应该向他们提供帮助。班主任拥有这般教育价值观，就不会计较学生的冷漠，而会一边讲课，一边走到该学生身旁，附耳小声说道："给我一个面子，听我把重点讲完，好吗？"班主任此番作为，不是低声下气，而是师者仁心。

在内心不够强大的学生面前，班主任更应该表现出耐心、温和、坚定的个人特质，用一颗温暖的心慢慢去焐热他们，让他们看到光，看到可期的未来，从而增强对抗脆弱的勇气。

4.提升认知，学会理性

大多数学生都有理性的一面，遇到再无趣的课程，但只要涉及考试，也会强迫自己打起精神听课。即便老师讲得枯燥，他们也会耐着性子听下去。但总有一部分孩子很感性，听课全凭自己的感受：想学了，认真听一会儿，不想学

了，就趴桌睡觉；老师讲得有趣，就兴趣盎然精神好，老师讲得枯燥、索然无味就睡觉。作为老师，我们当然要尽量把课讲得生动有趣些，但有些课堂所涉及的知识点本身就是必须掌握的干货，老师必须逐条逐项分解教学，才能把知识点讲透，学生若不能承受这份枯燥，今后长大进入职场就很难耐得住寂寞，很难描绘出自己的锦绣人生。

鉴于此，班主任就要郑重地与这一类孩子交心，把相关道理给孩子说清、讲透。我通常会先给学生讲一个故事：

> 某位很优秀的女孩一眼相中了一位男孩，想与男孩发展成恋人关系。男孩对这位女孩也很有好感，多次向女孩表白感情。女孩没有推辞，但也没立即接受，而是笑着说："等等我，我需要一点时间做个心理建设。"其实女孩所谓的"心理建设"，就是通过多种途径去了解男孩在中学阶段的表现。女孩的父亲很不解，说："既然你看中了这个男孩，人家也喜欢你，在感情上，你们属于双向奔赴，很是难得，干吗还要去调查人家在中学阶段的表现呢？"
>
> 女孩告诉父亲："一个男孩，在最容易放任的青春期还能把自己管控好，说明他的意志力和自律能力都很强，这样的男孩才值得感情投资！"女孩父亲听罢，对女儿的做法大加赞赏。

"这个故事说明了什么呢？理性、自律、自我管控的意识和能力极其重要！很多时候，我们都不是为了兴趣而学习和工作，而是为了责任而学习和工作！老师的课讲得生动有趣，你能精神抖擞认真学习，这是正常表现。老师的课讲得枯燥无味，你还能精神抖擞认真学习，这就是超常表现，你的未来将无限光明，你是一支优质股，谁都想投资你！"

关于学生课堂上睡觉一事，班主任除了用嘴劝说外，还可以做一件实实在在的事，那就是每天放学后，把睡觉的学生组织起来，带到操场上，吼起来，跑起来，把他们的精气神找回来！

　　有句话说得好，事在人为！不论什么事，只要我们愿意动脑子，愿意去正确地说，正确地做，即便达不到理想的效果，也一定比"只抱怨不行动"强很多！

六、学生喜欢在课堂上接下茬，班主任怎么说才能让学生不对抗？

小C上课特别喜欢接下茬刷存在感，完了还爱影响别人，经常把一些没有定见的同学给带偏，把老师气得上课逻辑混乱。每个老师都为小C的行为倍感头痛，都想制止他的不良行为。那么，班主任该如何说，才能有效遏制小C上课乱接下茬的不良行为呢？

我们先来看L老师是如何处理小C接下茬的事件的：

L老师在接连多次遭遇小C乱接下茬后，气不打一处来，用食指指着小C，厉声呵斥道："小C，你嘴巴可真长啊！你究竟烦不烦啊？我每次上课都被你打断，你究竟啥意思啊？你不说话会憋死呀？"

老师课上得好好的，突然被学生打断，心里火气直冒，就忍不住要发脾气，实乃人之常情！老师是人，不是神！关键是，这位小C，他不是个省油的灯。他并没有因为老师生气而表现得惭愧，更没有低头闭嘴忍受老师狂风暴雨般的呵斥，而是老师说一句，他顶一句，并且还阴阳怪气的。

L老师说小C，"你嘴巴可真长啊"，他就阴阳怪气、不紧不慢地顶一句：不多。老师吼一句："你究竟烦不烦啊？"他就回一句："不烦。"老师说,"我每次上课都被你打断",他就大声申辩:"我有一次没有打断!"老师被他假装单纯的阴阳怪气气得发疯,质问道:"你究竟啥意思啊?"他又来一句:"没意思。"老师更生气了,呵斥道:"你不说话会憋死呀?"明知道老师已经非常生气了,他还不知道收敛,竟然回怼一句:"会憋死!"

L老师彻底被小C"奋不顾身"的作战方式激怒了,吼道:"你有本事你上来讲啊!"

按照常理,老师已经气得撂狠话了,小C此时紧闭嘴巴是最明智的做法。但是他并没有识相地选择闭嘴,而是来了一句听起来很怂、实际上让人抓狂的话:"我没本事。"

就是这句话,让L老师彻底败下阵来。他气得把教材往讲桌上一摔,说:"我教不了你们,另请高明吧!"说完,拂袖而去。

我是班主任,我上课时,小C会不会接下茬呢?接!当然接!一个把接下茬养成习惯的学生,不管在哪个老师的课堂上,只要有机会,他都会忙不迭地接上一句。那么,每当小C接我的下茬,试图带偏我的上课节奏时,我是怎么说的呢?

首先,我做出来的表情不是生气,而是难受。生气和难受,都是对生命的攻击。生气主要是朝外攻击,比如L老师,当小C接他的下茬时,他表现得特别生气,这种生气在小C的感觉系统里,就是老师在朝他进攻,他的防御系统就会立即启动防御机制,他就要与老师"血战到底"。难受则是朝内攻击,我把表情调整为难受,就是想告诉小C:"我没有攻击你,但是你的行为严重伤害到我了,我现在内心很痛苦。"我跟小C的关系原本不错,他看到我一脸受伤的样子心中就会感到惭愧。我并非故意示弱博取小C的同情,而是确确实实被小C乱接下茬的行为伤害到了。我没有生气,只感到难受和委屈,我只是把我的感受准确地用表情呈现出来了。

然后我用略显沉重的语气说:"小C,你刚才接下茬打断我上课,致使我的上课思路全乱了，我心里很不愉快。实话实说，我很不接受你这个行为！你打断我上课，我想批评你，又觉着一个长得这么帅的男孩在大庭广众之下被我批评，他多没面子啊。我要装作没听到，继续讲课，可心里又无法做到心平气和。我真是左右为难，活得特别纠结，你说我该怎么办呀？"

　　我说出来这番话后，小 C 有没有跟我顶嘴？也许他心里想顶，但他找不到机会顶呀。他特别尴尬，接连挥手向我道歉："老师，不好意思，我马上闭嘴。"小 C 果然全程闭嘴，认真听课，我也找回上课思路，继续上课。下课后，我对着小 C 嫣然一笑，说："如果你每节课都像后半场这么认真，你学有所获，我教有所成，我们师生就双赢了呀。"小 C 笑着不断点头，坚定地向我表态："老师，你放心，我以后肯定不会接下茬了！"

　　小 C 还会不会接下茬？怎么可能不接！习惯的力量是强大的！改变一个多年养成的坏习惯何其难？何况接下茬的孩子一般都是喜欢"显摆"的红色性格，你让他做个安静的小王子，岂不是为难他吗？

　　我想要的不是不让他接下茬，而是让他做一个高明的接下茬者。我的拙作《陪你走过初中三年》中有一篇文章《如何做个高明的接下茬者》，特意教授了学生如何能把下茬接得既能推动课堂，还能皆大欢喜。

　　接下来咱们来分析：为何我与 L 老师都是处理小 C 接下茬的问题，结局却大不相同呢？

　　因为 L 老师用的是"你—信息"的话术。满口都是"你你你"，直指对方脑门，对方当然会心生不满，不仅不会停下接下茬的步子，还会点对点地精准突击。这种精准打击让 L 老师防不胜防，最后败下阵来，连个台阶都没顺势给自己留下。

　　L 老师还问过我，自己摔书负气离开教室，下节数学课怎么好意思去上课呢？我当然不能对 L 老师说，自己酿的苦酒自己喝。我开玩笑地说："咱们年纪大了，皮糙肉厚，就来个自我调侃，厚着脸皮进教室，然后高声说一句，我胡汉三又回来了！学生很有可能会说，不懂。你就顺势说一句，不懂就自个儿去百度！然后就若无其事地讲课，师生冲突从此翻篇。"

当然，我作为班主任，一定要把背后工作做到位。比如找小C聊天，告诉他他的顶嘴行为把L老师气得不轻，幸好L老师心胸开阔，责任感强，不然咱班就真的找不到老师来顶课了，届时不仅耽误了大家的学习，他也没有好日子过。让小C去给L老师道歉，这并不是最重要的，最重要的是他会去思考自己的行为给别人带来了困扰，不能一而再，再而三地在课堂上接下茬惹老师生气。

至于我与小C的说话方式，则是"我—信息"话术的呈现。我把所有问题都引到我自个儿身上来，没有对小C的行为做价值判断，也没有质问小C，更没有否定小C的行为，但我明确告知小C，他的行为已经严重影响到我，我很不愉快。

我这么说话，未必会马上改变小C的不良行为，但最起码不会激发师生矛盾，不会制造新的问题。我相信时间，相信种子的力量，也相信教育是慢的艺术。只要老师用正确的说话方式提醒小C课堂上的逾矩行为，对其接下茬的行为进行正确引导，假以时日，小C就能审时度势，恰当地进行课堂表达。

第六辑

事关学习怎么说

一、学生抄作业，班主任怎么说才能对症下药？

学生为什么会抄作业？能杜绝这种行为吗？

首先，每个班主任都要看透一个真相：除非你班的学生都是一学就懂、一做就会的天才，否则就绝不可能杜绝抄作业的行为。

其次，学生抄作业的行为绝不是道德问题，教师需要去指导，但无须指责。

那么问题就来了，明知道抄作业是不被老师支持的错误行为，为何很多学生在抄作业的路上越走越远呢？这里面究竟有哪些原因呢？

◎ 作业太多，压根就做不完，不得不抄。

◎ 作业太难，压根就不会写，只有抄袭应付。

◎ 书写太慢，紧赶慢赶就是写不完，不抄难以交差。

◎ 干扰太多，注意力难以集中，作业质量差，为规避问责，就想抄作业。

◎ 粗心大意，要么忘记带作业回家，要么彻底忘光光，来不及写作业，只得抄作业。

◎ 懒惰拖拉，对学习不上心，做事缓慢磨蹭，总是不想写作业，脑子里就想着抄作业。

◎ 难抵诱惑，一见手机就想玩，一刷视频就沉迷，作业早被抛诸脑后，时间不够，不抄都不行。

◎ 学力薄弱，看起来努力，实则学不懂，面对作业脑子一片空白，只能抄作业。

当我们把学生抄作业的原因捋清楚后，对学生抄作业的行为是不是有更多的体谅了？那么班主任面对学生抄作业的行为，究竟要怎么说才合适呢？

1. 优秀学生抄作业，班主任可以怎么说？

——抛出期望，表达欣赏，流露失望，提出要求。

"××同学，老师我科学地评估了你的智力、毅力、学力、记忆力，乃至执行力和坚持力，均属上乘。我对你的未来非常期待，我相信自己的眼光，你未来的人生一定会繁花似锦。虽然我桃李满天下，但你是我独一无二的学生。我在你身上投资了不少时间和精力，那是因为我特别欣赏你！

"可看到你对待作业的态度后，我心里就好比被浇了一盆冰水，凉透了。原本你可以轻松搞定这些作业，可你却把时间和精力拿来干其他事，导致没办法完成作业，只能应付了事以规避我的责罚。"

话说到这里，我也没有对学生说出"抄作业"这个短语，但聪明的学生一定体察出了我的失望情绪，听出了我的弦外之音。

"××同学，俗话说'响鼓不用重槌'，你是聪明人，也是老师特别欣赏的人，我希望这种行为到此为止，你能做到吗？"

言辞恳切，点到为止，话到这里也该戛然而止了。真聪明、真优秀的孩子，听到这番话也就会收手了。假聪明、不开窍的孩子，听不懂就算了，班主任接下来暗中盯紧一点即可。

2. 中等学生抄作业，班主任可以怎么说？

——讲述故事，分析利弊，提出建议。

"××同学，我曾经教过两个学生，成绩都处于班级中等，一个最终名列前茅，一个最终名落孙山，你知道为什么吗？这两个学生脑子都不笨，执行力也很强，但最终走向了不同的人生，皆因各自对待学习的态度不同。前者无论做什么，都喜欢独立思考，喜欢亲自去体验，从不照搬他人成果，尤其是家庭作业，不论老师布置的作业量有多大，他都会毫无遗漏地保质保量完成。后者无论做什么，都喜欢套用现成的，连自己的家庭作业都要抄袭。

"我观察了很长一段时间，发现你的作业并非独立完成。虽然明面上你已经交差了，但实质上你所学并不扎实，成绩掉下来那是早晚的事。老师不想对你的行为做任何的价值判断，因为我当初做学生时也犯过抄作业的错误，好在及时悬崖勒马，才没有耽误自己的学业。

"老师善意提醒你，从现在开始，独立完成自己的作业！如果有不懂的，可以问老师，也可以问同学，当然也可以上网查询。解决问题的方法有很多种，唯独抄袭不合适！你若把老师的话听进去并照做了，是你的造化。你若执迷不悟，继续实行'拿来主义'，赔掉的就是你自己的前途。孰轻孰重，你是聪明人，应该拎得清。

"当然，也有可能是因为老师布置的作业不合理，你想表达抗议。对这一点我表示理解并支持，但抗议的策略应该是积极的，比如向老师提建议，向班主任或级长反映。再不济，可以选择拒做！注意，是因为作业布置不合理而拒绝完成，并非在合理的情况下故意不做。抄袭，从某种程度来讲，不仅是行为问题，还是人品问题。偶尔抄袭一次，老师可以原谅；长期抄袭，老师若仍然放任不管，就把你的人品给养坏了。

"你是老师寄予厚望的学生，我怎么可能眼睁睁看着你滑入人品的泥淖而熟视无睹呢？我的良心会痛啊！我今后没有勇气面对你啊！我心里这道坎过不去啊！所以，我诚挚地希望你认真对待自己的作业！宁可承认自己不懂、不会、忘了，甚至懒惰，也不抄袭！不懂可以学，遗忘是偶然，懒惰可以改，这些都不涉及人品问题，一旦改了都会获得称赞。唯独抄袭这个行为，会被他人嗤之以鼻！"

3. 学困生抄作业，班主任可以怎么说？

——表达感激，理解困难，降低难度。

"××同学，看到你抄来的作业，说实在话，我心里充满了感激。我知道你要完成这份作业有多艰难，但你为了照顾我的感受，宁愿冒着人品被质疑的风险也把作业抄给了我。

"我多次说过，在我眼里没有差生，只有存在差异的学生！有些人在课本学习上很占优势，有些人在技术学习方面能力出众。不论你具备哪一种学习能力，只要认真对待，刻意训练，都能成为优秀的人。但是，沉迷于抄作业并非良策，既不能助你提升成绩，也不能令你获得老师的赞许，相反，还把你学习的积极性给搞丢了。老师在此真诚地向你提出建议：实在不会做的，那就不做！把简单的、能做的，认认真真给做好即可。"

说完这些话，老师就要根据学生的学情布置作业。说实话，很多学生抄作业都是迫于无奈。作业不会做，老师又逼得紧，他就只好铤而走险去抄袭。

4. 学力极弱的学生抄作业，班主任可以怎么说？

——可以抄，必须抄！光明正大地抄！

学力极弱的学生即使抄了作业，老师也要装作没看到。这些学生在班上的生存空间本来就狭窄，内心也很不自信，老师布置作业时又搞一刀切，一旦他们的作业没完成，就死揪不放，那么他们在学校的生存空间就被挤压成碎片了。

对于学力极弱的学生，我建议老师们就直接布置抄写类作业，鼓励学生大胆"抄"。

最后我想说的是，对于学生抄作业的行为，老师要积极制止，但不能做价值判断，也不能咄咄逼人地问个不停，更不能在大庭广众之下直接斥责学生抄作业的行为，而是要先冷静地分析学生抄作业的原因，再根据学情布置作业，让不同层次的学生都能完成自己的作业。

二、班主任如何给班上的中等生打鸡血？

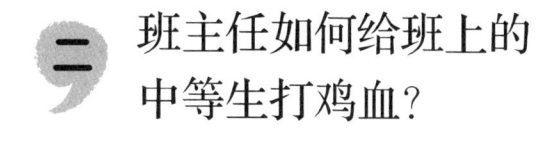

何为中等生？即学科成绩处在班级或者年级中位分数上下的学生。这类学生只要认真学习，成绩立即就会上升；一旦不学，成绩立即就会下降。中等生因为成绩不够优秀，在班上沦为沉默的大多数，并非他们的智商有问题，而是他们存在很多智力因素以外的问题：

◎ 思想上，满足现状，对自己不够狠，怕辛苦。

◎ 行动上，怕麻烦，图轻省，疏于行动。

◎ 目标感不强，不知道自己想要什么，对未来也没有什么规划。

◎ 基础不牢固，学习方法不适合自己，效率低。

◎ 复习没有规划，针对性不强，该补的漏洞不知道如何补。

◎ 做题不喜欢思考，喜欢抄写性作业。

◎ 缺乏精进的精神，凡事差不多就行。

虽然中等生存在一些不足，但他们也有不少优点，上升空间很大。比如：

◎ 有一定的学习基础，基本上能听懂老师讲课。

◎ 有一定的自律性和原则性。

◎ 听老师的话，有一定的配合度。

◎ 主观上想成为更好的人。

从中等生的优点来看，只要老师不放弃他们，经常激励他们，他们即使不能变成优等生，最起码不会沦为班上的学困生。

那么班主任可以从哪些方面来激励这群沉默的大多数呢？下面我以"少侠一班"的"鸡血汇"为例，说说我如何给"少侠一班"的中等生打鸡血。

1. 讲故事，明道理

讲谁的故事？自然是讲我的故事！现身说法才有说服力。

我在小学四年级之前是个不读书的疯丫头，每天脑子里只装一个字，那就是"玩"。我的玩商比很多小伙伴都强，但学习状况令人担忧。不论是看过程，还是论结果，我都是毫无疑问的学困生。我的老师很不喜欢我，经常骂我笨，没出息。我本就顽劣，加上心智未开窍，老师说我笨，我就认定自己很笨，越发地不爱学习。

所幸我上四年级时遇到了生命中的贵人。这位贵人便是我的新班主任。他对学生要求特别严格，每天下午放学后，他都会无偿给我们补课，要求我们背美词美句美文，还有什么中心句、主旨句、哲理句的含义。我当时挺讨厌他，还给他取了难听的绰号。他也不恼我，更不会像前任班主任那样骂我笨，预言我没出息，笃定我会被亲弟弟扫地出门。

有一天他问我："你三年级的暑假作业都没完成，请问你整个暑假在做什么呢？"

看着班主任那双温和的眼睛，我心里一阵惭愧，小声答道："我在向我的堂姐学绣鞋垫，向我的堂嫂学织手套。"班主任没有评价我绣鞋垫和织手套的事，而是追问我："我听说你家里有个弟弟，长大后要去城市里接替你父亲的工作，你心里怎么想？"听到这里，我心里很悲痛，眼里蓄满了泪水，小声哽咽道："我不服，我爸妈重男轻女，凭什么我弟弟一生下来就要去大城市当工人，而我就要在农村当农民？"

"那你能改变你父母的决定吗？"班主任问我。我迷茫地摇摇头，也不知道能不能改变我父母的决定。班主任摸了摸我的头，语重心长地说道：

"那你放学回家问你妈妈,明天我再找你要结果。"

放学回家,我问妈妈:"院子里每个人都说只有弟弟才有资格去城市里接替爸爸的工作,为什么是他,不是我?为什么弟弟今后就能去城市当工人,而我只能在农村当农民?"

我妈妈生气地看着我,说:"我不就是个农民吗?你是嫌弃你自己的亲娘吗?当农民丢人吗?不偷不抢,凭自己的劳动吃饭,哪里不好了?"我被妈妈质问得也生气了,大声吼道:"你就是偏心,就因为我是女儿,弟弟是儿子,所以你就选择了他,你就是重男轻女。"我妈妈见我很气愤,放缓了语气向我解释道:"女儿啊,我跟你爸从来没嫌弃过你。你要知道,我们生活在农村,儿子顶替父亲工作,是传统观念,我也改变不了。你如果不想留在家里当农民,你可以努力读书。只要你愿意读书,读得了书,我跟你爸就是砸锅卖铁也要供你读书,读到哪儿,供到哪儿。"

扪心自问,是我嫌弃农民这个身份吗?我从来没嫌弃过。是我轻视体力劳动吗?我也从未轻视过。只是,我不想过那样的生活。我当时年龄小,不懂什么理想、信念,我就是单纯地想逃离那种生活。

第二天,班主任问我是否说服父母让我去顶替父亲的工作。我无奈地摇摇头,把我与妈妈的对话告诉了班主任。班主任平静地问我:"你是讨厌农民这个身份,还是不喜欢农村的生活?"我说:"我不喜欢农村的生活,我不想当农民。"说到这里,我想做个补充:我一个小学四年级的孩子,怎么那么有主见,竟然坚决不想在农村生活,不想当农民,这可信吗?这里面当然是有原因的。我虽出生农村,但我父亲一直在四川省的攀枝花市工作。我小时候有较长一段时间在我父亲的工厂生活,我对城市的印象比对农村的印象深刻,我习惯了城市的生活,对农村生活有些抗拒。

班主任很理解我的心情,劝慰我说:"如果你确实不想当农民,可以选择当售货员,也可以选择当邮局、粮站职工,能力大一点还可以选择当公社干部,甚至还可以选择去大城市工作。但是,选择的前提是要有本事,也就是你现在要努力读书,一级一级往上读,你才有机会选择你想要的生活。"

也就是在那时,我第一次懂得了选择的意义!原来只要我努力读书,我就可以过一种我选择的人生。就从那一刻开始,我决定努力读书,我必须要考上初中(我读书的时代,小学升初中也要进行选拔考试,升学率只有50%),我要一级一级往上读,读到自己有能力选择为止。

我从教30来年,也算是功成名就了,再干几年我就可以退休了,我就是不努力学习,不认真工作,尽管躺在荣誉簿上吃老本,也可以轻松混到退休,但我没有选择佛系,更没有选择躺平,我每天还是像打仗一样学习和工作。为什么我要认真学习,努力工作且笔耕不辍呢?

因为我要为我的退休生活做选择!我不愿意退休后回到家庭带孙子,然后与儿媳妇产生不可调和的矛盾。那不是我想要的退休生活!

我在退休后创造的价值很大,大到足以让我的后辈心生敬意,我就有资本选择我的退休生活了。

我现身说法的目的是希望每个同学都能扪心自问:"我有资格选择我想要的生活吗?我选择的实力从哪里来?"

2. 列优点,振信心

我最初被老师预设了消极的人生,所以看不到前方的光亮,没有向上的信心。现在我做了老师,就要打着灯笼去找学生的优点,为他们预设积极的人生。

孩子们,你们的成绩目前虽然处在班级中位,但并不等于你们脑子笨。凭我30来年的教育经验,我敢保证,你们的资质都不错,都能在读书这条路上走得很远!不是我夸海口,而是我有铁口直断的本事。关于识人这一点,请相信我,我还从未看走眼过!只要你们目标明确,勤奋学习,坚持不懈,或早或晚,都一定会成为优秀之人!

下面我列出各位的优点,大家自我观照一下,看我是否在说瞎话。

◎ 听话,懂事,守纪律。

◎ 聪明，能干，情商高。

◎ 基础较好，有可持续发展的能力。

◎ 配合度高，有接受老师指导的意识。

◎ 内心强大，情绪稳定，抗挫能力很强。

◎ 人际关系和谐，快乐度超高，班级归属感比较强。

3. 给方法，提效率

鸡血打足了，学生的斗志也昂扬了，但若不能解决实际问题，他们还是很容易放弃的。

▶ 定目标。

没有目标就没有方向。大家一要给每个学科定下考试的目标分数，二要为自己定一个长远目标，也就是考哪所高中，再上什么大学。

▶ 给方法。

（1）回归课本。也就是要精读课本，把课本里的知识点吃透并内化为自己的能力。我这里说的能力就是读写算的能力，这也是一个学生的核心能力！

（2）努力刷题。刷题是提高学习质量的保证！尤其是中等生，若想与优等生靠近，必须花更多的时间来学习，而有针对性地刷题是提高学力较快的方法之一。

（3）收集错题。特别是数理化学科，一定要重视每次作业与考试的错题。错题就是坑，如果不把坑铲平，转身就会掉进坑里。学习新知很重要，但常常回头复习更重要。精明的学生都知道在学习这条路上，必须一步一步走实才稳当。

（4）学习考法。光有学法，没有考法，那是伪学习。那么怎样才能提高自己的考试能力呢？我就提一个建议：用心聆听老师的讲评课，且一定要认真做笔记。老师在讲评时，一定会告诉学生解题的思路和技巧，也会向学生传授考试技能。

上述文字是我在"少侠一班"开中等生会议时的发言。发言完毕，孩子们掌声雷动，都觉得我把话说到他们的心坎里去了。我能明显地看到，他们眼里有光。至于他们能坚持多久，就要看他们的造化了。至于我，只要捕捉到契机，就会不断给他们打鸡血。

三 班主任如何鼓励学困生不放弃学习？

总有老师问我带的班级学生是不是特别听话，考试成绩是不是特别好，家长是不是特别配合。我摸着良心回答，我的学生确实特别听话，家长也特别配合，但如果要说考试成绩的话，只能说在小范围内还过得去，若要与那些更优秀学校的学生相比，一定会被秒成渣。这里面当然有其历史原因，不便在此言说。

我目前所带的"少侠一班"（八年级一班），一共49人，至少有13人学习相当困难。这些孩子都是我从起始班级带到现在的，我对他们非常了解，也用了很多心思，但是效果确实不好。说他们懒，我不承认，他们的作业虽然完成得不够漂亮，但在尽力去完成。说他们皮，我更加不承认，他们对我这个班主任虽然做不到言听计从，但一定是非常配合的。应该说，他们是一群听话懂事，向师性很强，有很强的班级荣誉感的学生。

但是，他们的学业成绩委实不好看。几乎所有科目，他们都很难考及格。我曾经在很多场合说过，我在四川教书的时候，很难教出考不及格的学生，但到了深圳，怎么教，都有不及格的学生，并且还不止一两个。难道是我的教学水平降低了吗？抑或是我对知识点和考点把握得不准？这些都不是，无论从哪个角度讲，现在的我，都比以前强！区别在于我遇到的学生不同。我的这群学生中，有的是小学基础相当薄弱，进到初中，总识字量不到200个；有的是记忆力特别差,头天晚上被妈妈盯着把所有的内容都记下,睡一觉起来就全忘光了;有的是理解力很差,不论老师怎么讲,他们的认知都达不到理解的水平;有的是存在阅读障碍,一篇短文,他们怎么读都不知道作者在写什么,为什么要这么写;有的是严重偏科,学得懂历史、地理,但学不懂语文、数学和英语;有的是学力特别弱,完全跟不上初中的学习进度……这些问题在小学还不算明显,但到了初中这个选拔系统里,一下子就成了严重问题,并且很难在短时间内得到改变。

但我可以非常骄傲地说,这群学习困难的孩子,在"少侠一班"是自信而幸福的。他们的人际关系非常和谐,在班上有很强的归属感与安全感。他们的成绩虽然暂时落后,但他们并没有放弃努力。他们即便学得很艰难,也在咬牙学。为什么呢?因为我从来没有鼓励他们努力学习,而是鼓励他们不要放弃学习。那么我是怎么鼓励他们的呢?

1. 给他们贴上积极标签,为他们预设积极美好的人生

我教书 30 余载,教过很多学业落后的学生,但现在转身回看他们的人生,发现他们并不比学优生差。我会把这些学生的故事讲给这些学业暂时落后的学生听。比如我有个学生绰号叫"王平头",当初成绩在班上非常差,但他始终积极上进。他初中毕业后没再升学,而是拜师学艺,学得一手精湛的理发技艺,且凭着他精湛的技艺,目前已在成都市双流区开了好几家美发店,生意火爆。谁若要请他剪头发,必须提前预约。还有"许蛋糕",为了鼓励我现在的学生,他还特意录制了视频发给我。他当时在我手上读书时,成绩也是一言难尽,但这个小伙特别勤快,经常为班级事务跑前跑后,深得同学和老师的喜爱。初中毕业后,他升学无望,先是去卖水果,然后去学做糕点,学着学着就学上道了,手艺越发纯熟,糕点也越发受欢迎。他先是将自己生产的糕点送到蛋糕店售卖,后来直接与成都各大商场合作,当然也就注册了自己的公司,生意越做越大。他的励志名言就是:只要努力,老天就不会亏待你!类似这样的故事我手上有很多,比如"李火锅""熊美容""杨快递""郑批发"等,我随时都可以讲给这群学生听。听别人的故事,悟自己的人生,只要孩子们能借别人的故事看到

未来的光亮，他们就不会自暴自弃。

2. 明面绝不降低期望，暗里却要降低要求

我在班上说话时，从未把这群成绩暂时落后的同学区别对待，我对他们的期待值与学优生是一样的。但是，在具体要求时，我是区别对待的。这就是孔子提倡的"因材施教"。我问学生，一个人挑 150 斤可以健步如飞，一个人挑 100 斤却要跟跟跄跄，请问，我采用一刀切，要求他们都挑 150 斤，或者 100 斤，这公平吗？这个账学生当然算得清，他们都说，每个人按照自己的实力去挑吧，这样才会人尽其才。既如此，我就没必要让学困生去做那些高难度的题，还不如让他们把最基础的知识点掌握牢固。让他们跳一跳就能摘到桃，才不会泯灭他们的积极性。因为我没有拔高对学困生的要求，给了学困生喘息的机会，他们反而并不讨厌学习。虽然学得很苦，但是每天都早早来到班级学习，从不迟到，也不早退。即便学习低效，也没哭着闹着放弃。我特别推崇的就是这种不放弃的精神！这些孩子成绩虽然不好，但他们的表现是不是可圈可点？他们长大后一定是合格的社会主义接班人和建设者。

3. 默许他们抄作业

很多老师对学生抄作业都表现出极大的抵抗情绪，甚至还要对其进行严惩。我曾经专门写文章探讨过抄作业的原因。如果是学优生抄作业，他们肯定会受到我的责罚，因为他们具备保质保量完成作业的能力，必须独立完成。但这些学困生，真的很难独立完成作业。每次布置作业，我都会提醒他们，可以通过哪些途径找到题目的答案。我会把相关的资料告诉他们，让他们去查找，其实就是让他们光明正大地抄作业。如果他们早早来到学校，抄同桌的作业，我也不会惩罚，而是会提醒他们用心抄，在抄写的同时看人家是怎么做的，而不是只抄字。如果只抄字的话，我建议就不必抄，不如留个空白在那里。这些孩子能通过查阅资料，或者借鉴别人的成果把任务完成，说实话，已经是用心的第一步了。

4. 容忍他们拖欠作业

我为什么要容忍？因为我知道他们完不成啊。每次检查他们作业的时候，

看见他们没完成，我就会说："拿回去，慢慢补给我哈。"我还会加一句话，"我知道你完成起来很困难，我要的不是你的作业质量，而是你不屈服、不放弃的积极态度。"我始终相信，一个人只要他的上进心不泯灭，早晚有一天在遇到适合自己的事情时，就能闪闪发光。我以前教过的很多在学业上落后的学生，现在的人生都不比当初的优等生们差，为什么呢？因为在他们的字典里，没有放弃这两个字！有个女孩，1996届的学生，当初成绩差得没眼看，但她勤奋得我都看不下去了。我那个时候认知水平比较低，还劝过她放弃，但她很有主见，没有因为我的错误言论动摇自己的上进心。就因为她对自己够狠，有一颗永不屈服的上进心，后来她到建筑工地上干活，才发现了别人正眼都不愿意瞧的商机，并牢牢抓住了。十几年坚守下来，她现在是一家建筑公司的老总。

对于班上的学困生，我没有给他们打鸡血，因为我知道这个鸡血打下去也不管用，因为他们确实有心无力，效能感比较差。他们能在求学阶段做到不放弃，不自卑，不颓丧，不自我否定，就已经很了不起了。

待到有一天，他们遇到了与他们的认知和能力相匹配的事情，加上他们一直葆有的上进心和认真劲做辅助，就一定能打一个漂亮的翻身仗！

四 期末考试前，班主任如何激励学生努力复习？

期末考试就要到了，不论家长，还是老师，都希望学生能考出优异的成绩。关键是，学生心有憧憬，却懒于行动：明知道期末考试迫在眉睫，却还在课堂上自娱自乐，课间扎堆傻乐，回家懒散怠惰。鉴于此种情况，班主任该如何激励学生努力复习呢？

回答这个问题之前，我们还必须追问一个问题，那就是：班上每个学生都能被老师激励吗？理论上能，但实际上根本不可能！

一个人，愿意被激励，是因为这个人有内在的需求，并且还具有一定的效能感。一个连汉字都写不出 200 个的八年级学生，不论班主任怎么激励他，他都不可能废寝忘食地学习，因为他根本学不懂！一个连有理数和无理数都分不清的学生，班主任激励他去解二元一次方程，在他看来，就是充满了为难他的恶意。一个看见数学试卷就头疼的孩子，班主任让他在物理学科上遥遥领先，这纯属不切实际。

那么，面对什么样的学生，班主任的激励才有效呢？

◎ 能听懂班主任讲课，能记住所学知识点。

◎ 有上进心，目标明确，对自己有要求。

◎ 具备一定的学习能力，且能保质保量完成作业。

说白了，就是学有余力的学生，位居中游的学生，学得懂却略微懒散的学生。就算面对这样的学生，班主任若想靠说几句话就能让他们动起来，也还需要一个条件，那就是他们内心深处本身渴望有个好成绩，并且还有在意的东西或者人。

把学生的能力、脾性、需求弄清楚了，再来给他们打鸡血，才不至于收效甚微。

1. 面对学力较强，又渴望得到父母和老师认可的学生

我就直言不讳地说："你想别人看得起你，凭什么呢？作为学生，你要有拿得出手的成绩，别人才会对你另眼相看！你有实力，又有能力，并且记忆力也相当不错，只要抓紧时间全面复习，必能考出优异的成绩，届时，你就是父母的心头肉、我的掌中宝，你就可以走出六亲不认的步伐！亲爱的少年，加油啊！"

话虽然这么说，但若孩子努力了还是考得不尽如人意，他们仍然是父母的心头肉、我的掌中宝！爱孩子，心里不可设置附加条件。

2. 面对学力较强，又渴望得到老师表扬的学生

我就用煽动性的语气说："亲爱的，希望我夸你，是吧？那你就加油啊！考出好成绩，我就天天夸你，夸得你美滋滋，捧得你上九天！从现在开始，为了我能如愿以偿地夸赞你，我要监督你努力复习了，好不好？"

我现在教的已经是八年级学生了，他们还经常向我索要夸赞。对于喜欢表扬的孩子，班主任千万别吝啬，要随时有激励者的专业自觉。

3. 面对学力较强，特想取悦某人的学生

我就用充满期待的语气说："××同学，据我所知，你很在意的人很想看到你努力学习的样子，很想你期末考试考出优异的成绩，你会让那个在意你的人失望吗？不想让在意你的人失望，那就疯狂地学习吧，以你的实力，克服学习上的困难那是轻而易举的事情！"

学生究竟想取悦谁，班主任老师一定要瞄准，并且还可以借助对方的影响力起到助推的作用。

4. 面对学力较强，且有很强的目标感的学生

我就用坚定不移的语气说："我相信你的实力，看好你的自律能力，更欣赏你的毅力，只要是你想做的事情，就没有做不好的！我相信，这次期末考试，你绝不会让我失望！特别强调，我是一个长期主义者，特别看重过程，最喜欢的就是慢慢积蓄力量，跑得又远又稳！所以你不要给自己施加"只能胜，不能败"的压力。不敢接受失败的人，从长远来讲，很难成才。"

目标感特别强的孩子本身就很自觉了，相信他们可以把事情做好就是对他们最大的激励。但是老师也要特别注意，这类孩子好胜，得失心很重，容易被挫折击垮，所以一定要引导孩子形成"长期主义"的价值观。

5. 面对学力较强，却选择不进取，总想躲懒的学生

我就会用真诚的语气说：

"我曾经有个学生，脑子很聪明，学习也不错，但他总觉得学习很累，不想过这种辛苦的生活。他甚至还跟我讲人生大道理：'老师，你不是说你努力工作就是为了有更好的生活吗？你现在生活得好吗？'我说：'我觉得我的生活很好，虽然有苦也有累，但至少是我自己选择的生活。'结果那个学生很自得地说：'我现在过的就是自己选择的生活啊。我选择顺其自然地学习，因为我觉得这就是我想要的快乐。你不是经常跟我们说，人活着最大的动力就是快乐吗？我的快乐动力源就是通过躺平得来的。'

"那么这个学生现在过得怎样呢？他给我的答案是，日子过得也不算失败，但过得很不甘心。明明自己有能力可以过得更好，可惜自己当初放弃了努力，把机会弄丢了。每每午夜梦醒，想起当年的无知与叛逆，就特别后悔。

"少年时期，每走一步，都会为自己的未来埋下伏笔。如果早早就放弃努力，或许现在很快乐，但未来肯定会有很多遗憾。"

6. 面对学力较强，特别是想在亲戚面前争得脸面的学生

我就用展望未来的语气说："曾经有不少同学对我说，特别害怕放寒假，为何呢？因为过年要见亲戚。那些亲戚见面就问，期末考试考得怎样啊？真是烦人！的确很烦人，但他们是亲戚呀，不能得罪！所以呢，为了在亲戚那里少

遭罪，现在就要受点罪！从现在开始，咱们抓紧一切可用时间，奋力一搏！好不好？"

7. 面对学力普通，成绩一般的学生

要给他们熬煮一锅"坚持就能胜利，越努力越幸运"的鸡汤，还要向他们传递"只要不放弃自我成长，世界就会赐予美意"的成长信念。

鸡汤和信念都渗透到学生心里后，我就开始给学生讲逆袭的故事。这些故事的主角都是我教过的学生，并且都是学力较低的学生，他们的特点都是脑力一般，基础薄弱，学力较弱，但都有一股子韧劲，不论考出来的成绩多差，他们都不会放弃。

我给学生讲这类故事，并不能快速提升学生的成绩，也未必能立即激发学生的学习热情，但绝不会毁灭学生向上的希望。只要学生的希望不破灭，上进心不丢失，总有一天，他们会超越自我创造更好的人生。

学生有了激情，也有了动力，班主任还要告诉他们提高复习效率的方法。大多数学生都缺乏耐性，只追求短期效益。他们只要付出了努力，一旦没有达到预期目标，就想放弃。那么，如何才能提高复习效率呢？可以把话说得简单直白一些，让学生一听就懂，一懂就信，一信就立即行动。

1. 考什么就复习什么。只有张开耳朵听学科老师讲述考试范围，复习时才有针对性。

2. 牢牢记住答题模板。每一门学科都有应试套路，老师讲评时一定要认真倾听并做好笔记。

3. 有针对性地刷题。期末考试前集中精力刷几套适应性测试题，特别能找到考试的感觉，考试时就能得心应手。

4. 特别要重视老师的讲评课。老师讲评时绝不仅是再现知识，而是会结合试题解析指导学生如何应试。认真对待老师的讲评课，会很快提高应试能力。

最后还要花大力气把"米"（考点）准备充分。俗话说"巧妇难为无米之炊"，没有"米"，有再高超的应试技巧也考不出优异的成绩。所以背背背，背

多分！

  对于班上那些基础特别薄弱，对学习无能为力的学生，只需要鼓励他们把最基础的知识搞明白即可。待他们夯实基础，有了进步，再去考虑拔高的事。

五、班主任如何运用同理心安慰考前焦虑的孩子？

晚上 11 点多，我都准备睡觉了，听到晓黑板私聊的提示音，打开一看，是诗嫄妈妈发给我的信息："钟老师，您好，打搅您了。诗嫄抽到第一组，说她自己很紧张，我安慰过她，但是效果不大，麻烦您明天安慰一下她，谢谢您。"

我回复她说："在英语听说口语考试中，抽到第一组其实是占优势的，因为题目相对简单。"

诗嫄妈妈回答道："我也是这样跟她说的，但她说又不是我考，我肯定无所谓啦。"

看到这句话，我知道诗嫄妈妈与女儿的聊天是无效的，诗嫄不仅没有消除心里的紧张感，还增加了对妈妈少许的不满。诗嫄为何紧张？因为她很在意！她想考深圳八大名校之一的红岭中学。她上次体育中考是满分，这次英语听说口语考试也想拿满分！

既然对自己有高期望，那就得承受高压力，这是诗嫄的选择！据我所知，诗嫄也做好了承受压力的准备。她之所以向妈妈倾诉，是因为她对自己没有百分之百的信心，她要的是能站在她的生命场里去理解和支持的安慰。可是妈妈说出口的话让诗嫄觉得妈妈只是个旁观者，根本不能感同身受。

我没有再多说什么，只给了诗嫄妈妈一个承诺："放心吧，我明天一定做好安抚工作！"

放下手机，我问身旁的何先生："如果你的学生考前跟你说，她很紧张，你会怎么开解？"

何先生答："我就说，不必紧张，题目没有你想象的那么难。只要你尽力了，即使考差了，老师和父母也不会责怪你。"

我说："你说得很有道理，但是无关痛痒，学生无法消化你传递出去的信息！对学生而言，分数就是他们的命根，尤其是对自己有高期望的孩子，他们是不愿意打败仗的！"

其实很多时候，父母和老师都在说充满善意且很有道理的话，但是到了学生那里却是正确的废话。这些话在学生听来，只有居高临下的同情，没有感同身受的共情，可他们，不需要同情！

那么我究竟该如何安抚诗嫄以及与诗嫄一样紧张的孩子呢？我当然不能滥施我的同情心，站着说话不腰疼的旁观者对即将上考场的学生来说是面目可憎的。我若能使用我的同理心，站在学生的生命磁场里去感受他们的紧张，以及他们对考试成功的渴望，与他们产生生命的联结，那么他们进入考场时心态就会从容很多。

英语口语听说考试第一组的考生是早上7点30分排队进场，我与孩子们约好7点20分到教室碰面。我7点10分就进教室了，大多数孩子已经坐在教室里看书了。排在第一组的4个孩子也已经安然坐在教室里，从面上看不出他们的紧张情绪，但我知道他们心里或多或少是有些紧张的。

7点25分，我说："今天第一场有4位同学，他们是先遣部队，要打头阵，心里的压力一定比后面上场的同学大！将士即将出征，请每个同学送出强烈掌声，给他们支持！为他们加油！"我话音一落，教室里掌声雷动，加油声此起彼伏！

4个孩子在掌声和加油声中走出教室暂停在走廊上，我跟他们逐一拥抱，跟他们的身体产生联结。我一边拥抱一边说："你们在哪里，我就在哪里！"

拥抱完毕，我很平静、很诚恳地对他们说："我知道你们很紧张，但不是你们几个人在紧张，你们、我，还有其他班级第一组的同学，都有紧张感，我能感同身受。你们不是一个人在打仗，每个人都有3个战友同行，而我的身体虽然在外面等着你们，心却跟随你们一起进到考室！"

讲完这段话，我送他们到楼梯口，指着二楼连廊上长长的队伍说："在家里，你觉得你是一个人在冲锋陷阵，可是现在，你看看下面，好大一支队伍在等着你，要与你并肩作战！大家都抱着同样的决心，顶着同样的压力，你一点也不孤独！"

我让他们做了一组深呼吸，目送他们下楼，然后看着他们被引导员引进准备室，我才转身进了教室。

教室里还有不同组次的孩子等着考试，看前面走了4个同学，他们有些焦躁，也有些浮躁，不知所措地说着不着边际的话。我说："你们若把注意力都聚焦在'等会考不好怎么办'上，你们的心湖就被搅乱了，还是赶紧转移到其他事情上吧。最好是动手写作业，让你的手有事做，脑有事想。把思考的重心聚焦在你手头的作业上，你的心就会平静下来。"说完，我就开始批改孩子们的默写小册子。

看我在安静而忙碌地做事，孩子们也慢慢安静下来，各自忙着手头的作业。看得出来，教室里逐渐氤氲出一股平静的气氛。

之后每一组出征，教室里都有掌声和加油声，教学楼走廊上都有拥抱和同理心。

最后一组只有两个女孩，分别是雯欣和小邓子。看见别人都被同学和老师送走了，她们不禁有些落寞和失落。这俩女孩成绩都不错，上高中都有希望。雯欣心气高，心性强，对自己要求很高，压力也很大。小邓子个性中正平和，学习成绩中等，信心不足。这两个女孩面上的情绪纹丝不动，但我知道她们心里很紧张。我问她们，带来的作业都写完了？两个女孩均表示作业已经写完。我说："那咱们就不看书了，反正也集中不了精神看书，咱们闲聊，我讲故事给你俩听，可好？"

我先说我儿子的故事。"我儿子英语听力考试前一天，心里特别紧张。他担心自己届时听不懂,会考出特别难看的成绩。"两个女孩甚是好奇,问我:"英语听力考试难度不大啊,您儿子怎会担心自己听不懂?"

我说:"我儿子小学在四川农村学校读书,小学六年都没学过英语,他到深圳来读八年级时,英语才学了一年,而他的同学,已经学了七年。他第一次参加英语考试,只考了25分,差点把他的自信心给击垮了。"

两个女孩都捂着胸口,担心地问我:"您儿子英语基础这么差,他是怎么考上高中的啊?"

"是啊,他的英语成绩比起你们两人真是差太远了,但他还是顺利地考上了高中。为什么呢?因为他不服输,不放弃,性格坚韧。

"当他得知自己英语只考了25分时,立即决定找英语老师给他补课。他主动把手机交给我管理,打篮球的次数也压缩了,每天放学回家,把家庭作业做完,就立即补习英语。虽然他的英语基础非常薄弱,但他没有放弃,一直咬牙坚持。英语听力考试时,尽管他很紧张,但由于准备充分,15分的总分,他得了12分。这就说明,考前紧张是正常的,适度的紧张也是有必要的。只要准备充分,考试结果就不会太差。"

两个女孩听我说起我儿子中考的故事,非常感兴趣,又问了我很多我儿子上高中和读大学的事情,我都一一为她们做了解答。

不知不觉,引导员就来教室门口招呼两个女孩准备考试了,我们的闲聊才戛然而止,然后是师生之间开心的拥抱,共情的叮嘱。看着她们轻松地跟随引导员下楼,我才含笑转身,心里默念:"我今天的工作方式很专业,很有人情味,很符合学生的心理需求,我很开心,很有成就感。"

因为,我在用正确的表达方式认真对待每一个孩子。

六、学生考试前后，班主任怎么说话才能有的放矢？

若问学生在学校里最不喜欢的事是什么，答案几乎如出一辙：考试！不喜欢，又跑不掉，那种沮丧、无奈、无力的心情可想而知！面对此情此景，班主任该如何说话，才能让学生听得进去呢？

1. 考试前

还有两天就要进行期中考试了，小丽觉得这没复习好，那也没复习好；笔袋里的文具这没准备好，那也没准备好。她总是担心考试会失败，整日惶惶不安。像小丽这种情况，班主任该怎么说才能安抚小丽的焦虑情绪呢？

首先班主任的心态要放松；其次班主任的语言要轻松；最后班主任要强调学习过程，淡化考试结果。

▶ **云淡风轻地常规提醒**："考试时间，考试地点，所需的文具，都要提前一天确认好，准备好。"

▶ **心平气和地温馨叮嘱**："吃住行，平时是什么样，考试期间就怎么样。考学练，平时怎么学，怎么练，考试就怎么考。考前上一次厕所。最好提前20分钟进入试室，检查笔袋里考试所需的文具，如有缺损，立即向他人求助。考号一定要写规范，考号填涂时，宁可重，不可轻。"

▶ **不露痕迹地热情鼓励**："我们已经在学习的过程中下足了功夫，那么就把结果交给运气。我坚定地相信，努力的人，运气都不会太差。不管你们考出什么样的成绩，都不影响我对你们的感情，更不会影响我对你们的评价。"

说这些话的目的，就是让学生轻松愉快地进入试室，心无旁骛地答题，心态坦然地面对结果。

人生的大考小考有很多，不能让他们在学生时代就被考试整得信心全无，雄风不再。

2. 学生下考场后

学生结束考试走出试室，班主任万不可诱导学生讨论考试题目的难易，盘问学生答题结果，而是要温柔体贴地关怀学生："考累了吧？赶紧去卫生间洗个手，揉一下眼睛，搓一下脸。"然后云淡风轻地提醒学生，"考试已经结束，是好是差已成事实，那就到此为止，赶紧放下！现在最为要紧的是休息，或者随便翻翻后面考试科目的资料！考得好，固然皆大欢喜；考不好，以后还有大把机会翻盘！"

班主任这么说并非不重视学生的考试，而是帮助学生从认知上减少对考试失败的恐惧感。他们只有放下对成功的执念，身心轻松地进入试室，考试时才能做到正常乃至超常发挥！这样说话还有一个不易觉察的好处，那就是学生心里会感到温暖，他们心里会隐隐觉得老师对他们是真爱，有利于巩固师生关系。

3. 考试失败了

俗话说，考场上没有常胜将军。即便是再厉害的学生，也会有考试失利的时候。那么对于考试失败者，该怎么说呢？既不故意忽略他们的失败，也不过分抚慰他们的沮丧，班主任此时最应该具备的心态就是气定神闲，泰然处之。班主任的身体表现、情绪流露，在学生那里，都是无声的话语。

班主任可以这么说："孩子们，这次考试，从分数上来看，确实不理想，你们有 10 分水平的学习力，只考出了 8 分的水平。但也正因为考得不理想，我们才看到了问题所在，我们按照试卷上呈现出来的问题，一路追寻，很快就会找到病根，并能对症下药，上升空间很大啊！"

客观陈述失败的事实，是为了让学生清醒地认识到自己在知识层面存在问题。不责怪学生，是为了保证他们的心情波动处在一个正常范围内，他们就可以在心平气和的状态下面对自己的问题，从而生出解决问题的信心。

最后也要给学生打气，帮他们重拾信心："大家觉得老师很厉害，是不是？那我实话告诉大家，我当初也经常失败，心还被班上的数学天才虐得千疮百孔。我每次失败后，都会对自己说，我的脸皮又厚了，抗压能力又增强了，我生命的韧性也长出来了，我什么都不怕了！我又不是跟别人比一次，我跟他们比十年、二十年，甚至三四十年，只要我不停下来，我就能超过很多人！"

班主任用自己的经历现身说法，此时被失败淹没的学生会特别听得进去。他们抓住的可不是一根救命稻草，而是一根可以救他们于苦海的木头。他们听到一个成年人真诚地给他们讲述自己年轻时的失败，就不会自我否定、一蹶不振了。

4. 考试成功了

这当然是所有人都喜欢看到的局面，此时，只要不浇冷水，怎么说都可以。胜利者的心情处于极度喜悦之中，心胸会更开阔，心态更包容，脾气更谦和，当然，也更容易忘记自己是谁。

那么班主任此时怎么说才既能锦上添花，又能雪中送炭呢？

▶ **首先是锦上添花。**

班主任要热情洋溢地肯定学生的成功，为他们所取得的成绩点赞，同时，还要不失时机地向学生表明自己内心的喜悦。我一般是这样说的："孩子们，这一次考试，咱们整个班，以及班上大部分同学，取得了优异的成绩，为班级争得了荣誉，也为我争得了面子，我为你们点赞！谢谢你们，继续加油！在此，我也不向各位隐瞒我的真实心情，我的内心极度舒爽！我吃饭、睡觉、走路，都在笑！"

▶ **其次是保持平常心。**

少年心性的孩子，情绪容易大起大落。考差了，情绪低落，恨不得钻地洞；考好了，情绪高昂，恨不得上九天。作为班主任，我们必须要及时告诫学生："人生处处是考场，这场考试赢了，还有下一场未知的考试在等着我们。所以，我们要赶紧从自我陶醉的情绪里走出来，回到常态里，以一颗平常心来学习新知识以及迎接下一场考试。"

▶ **最后是雪中送炭。**

学生考试成功，除了因为他们聪明、勤奋之外，还有很多偶然的积极因素凑巧碰到一起，才发酵出学生的好运气。因此，下一轮考试还有没有这份好运气，难说！既然运气只是偶然，班主任就要指导学生做必然的事，这个指导就是雪中送炭。具体怎么对学生说呢？

"孩子们，有个成语叫作'居安思危'，还有一句话是'成功是成功之母'。我们这一次赢了，人心鼓舞，自信倍增，就要乘胜追击！具体怎么追击呢？

"一是要分析试卷，把试卷上的潜在知识漏洞找出来给堵上！

"二是要将近段时间学过的知识点与考点进行对比，理出未考的知识点，评估自己掌握的情况。

"三是要定出下一轮考试的目标。目标要可量化，可执行。比如具体的名次（班名、级名）、具体的分数，每个学科怎么分配时间、怎么刷题，都要清楚地呈现在纸质笔记本上。"

曾经有人与我说，只要孩子开心就好，其他都不重要！孩子的开心当然很重要，但不尽责任的开心，不是真开心！为了让孩子开心，不对他们做出要求，这纯粹就是在瞎忽悠！因此，不管学生考出了多么骄人的成绩，都只是暂时的，老师必须有远见，及时对学生提出新的要求。

5. 考试不上不下

还有一种学生，成绩总是上不去，也没下来，对于这样的学生，班主任不必苛求，也不能放弃，可以称赞他们的稳定性和持久性，告诉他们只要坚持，就会一点一点地进步。要把长期主义的思想渗透给这些孩子。

后 记

在这篇后记里,我向读者真诚地解答四个问题。

1. 我为何会写这样一本书?

曾经,我是一个特别爱说话,但特别不会说话的班主任。"爱说话"体现在哪里? 我每天都会盯着我的学生,他们在行为上稍有差池,我就会张开那张伶俐的小嘴,吧嗒吧嗒地说个不停。"不会说话"又体现在哪里呢? 我总是爱用否定、讽刺的语气去评价学生的行为,并且还把行为与品德挂钩,严重时,还会对学生的未来进行负面的预设,让学生非常反感。我与学生的关系要么疏离,要么对立,有时甚至还很恶劣。虽然我每天都在竭尽全力地教导学生,但我没收获预期的效果。后来我觉察到了我的问题:那就是本能式表达,想到什么说什么,完全不顾及学生的感受,还自以为是真性情,是刀子嘴豆腐心,是嘴毒心善。既然我觉察到了问题,那我就要改正这个问题。于是我通过读书寻找表达策略,观察身边那些能言善道的人如何说话,加上自己的刻意训练,我把自己变成了一个善于表达,长于沟通的班主任,师生关系一下子就回暖了。我也因此收获了职业的成就感,以及作为一个教师的尊严感。因此,我每每听到身边的同事因为学生问题大光其火,张嘴乱说,被学生怼得七窍生烟,被家长质疑得无言以对时,我就很想告诉他们:不要自我否定,我以前也不会说话;不要自我放弃,我也是通过改变找到有效的教育之道的。这样的场景见多了,我就想写一本关于班主任如何说话的书,让更多的一线班主任能摆脱"本能式"

表达，从而成为一名专业的言说者。

2. 我是怎样提高说话艺术的？

（1）把学生当作活生生的人，而不是工具人。我之前不会说话，不是因为傻，而是因为把学生当作我获取教学成绩的工具人，我想要通过学生的考试成绩来证明我很厉害。当我改变了学生观，更新了教育理念，把学生当作一个需要被呵护、善待、尊重的生命时，我对生命的态度就变得敬畏和谦逊，我对学生说话时，语气就变得格外温和，态度也显得格外真诚。

（2）学会感同身受。曾经的我，是一个不缺乏同情心但缺乏同理心的人。当学生遇到伤心事时，我总是会居高临下去安慰和鼓励，看似在关心学生，但其实是一个站着说话不腰疼的旁观者。我与学生的生命并没有产生联结，我并没有体会到学生当时的心情，我总想让学生赶紧结束负面的情绪，立即投身到学习中来，我完全没有等待的耐心。后来，我学会换位思考，站在学生的生命立场上去看待他们所遇到的事情，走进他们的心里去聆听他们的声音，体会他们的心情。我发现，我与学生的生命产生了联结，我与他们处在同一个生命场域里，我完全可以理解他们的需求，听懂他们的心声，我与他们的生命随时都可以交融。

（3）管理好自己的情绪。我曾经是一个性子刚烈、脾气火暴的人，学生哪怕惹出一丁点祸端，我都要跟他们"血战到底"，学生怕我性格中的烈火烧着他们，对我始终敬而远之。我知道任由自己的情绪发泄，迟早要捅出大娄子，于是我读情绪管理方面的书，跟着心理学家学习正念冥想，慢慢地，我就能随时掌控我的情绪了。当我的情绪长期处于一种平和的稳态时，我发现我说话的语气就很温和，语速也会控制在一个适中的范围，用词也会刻意规避那些贬义的、带有评价性质的词汇。

（4）刻意训练自己的说话技巧。我自打知道自己"不会说话"后，就主动读一些关于如何提升表达技巧的书，更逮着各种机会向身边的同事、朋友学习他们说话的技巧。我还为自己准备了一个笔记本，当我觉得语言还没组织好时，我会在笔记本上把我要说的话写出来，然后反复推敲，直到我认为这些话说出去没有风险了，不会伤害到学生了，我才会开口说出来。

3. 哪些书对我提升沟通技巧帮助最大呢？

书读得多了，它们所提供的营养，真的不知道哪本多，哪本少了。就像一个人吃饭时，吃的菜品多了，真的就不知道哪一道菜提供的营养多一样，只能说，每一道菜都给自己的身体提供了营养。但还是有几本书给我的印象特别深刻，它们对我改变说话方式以及提升沟通技巧都起了很大的助推作用。

《把话说到心窝里》（作者：刘墉）。读到这本书时，大概是2002年。那个时候，我跟学生的关系很糟，我心里很痛苦。我想改变，可又不知道如何改变，找不到突围的路径，内心异常纠结。恰逢此时，我读到了这本书。光是书名，就击中了我的心灵——本应该把话说到心窝里，而我，是把刀刺进心窝里，难怪学生不喜欢我。从那一刻开始，我知道了如何去改变自己。

《非暴力沟通》（作者：【美】马歇尔·卢森堡）。我是在2010年读到这本书的，当时也被书中的沟通观点震撼到了。尤其是"非暴力"这三个字，给我的影响持续到现在。我读完这本书，把自己的沟通方式及内容同书中的沟通策略进行了对比，发现我在有意无意之中，总是让自己的言说裹上了一层暴力外衣。自那以后，我的沟通方式一直在进行"反暴力"运动。我不仅改掉了我以前的暴力沟通方式，还根据书中提供的"非暴力"沟通策略，结合我的沟通语境进行了升级迭代。这种升级迭代，不仅惠及我的学生，也让很多一线班主任轻松愉快地学会了沟通技巧，惠及他们的教育人生。

《沟通的方法》（作者：脱不花）。这本书一上架，我就买回来读了。我读这本书受到的最大启发就是，我要给班主任们写一本讲如何沟通的书。脱不花这本书中的沟通策略大多数是针对公司员工的，缺乏教育场景，班主任很难现学现用。但我可以借鉴她的一些沟通策略，结合具体的教育场景，进行升级改版，传递给一线班主任最直接、最易学的沟通方法。那么，我对教育的贡献也不容小觑。

4. 我带出来的学生会不会说话？

老师是学生学习的范本，也是学生行为的榜样。我都改变了，我的学生怎么会一成不变呢？毋庸置疑，我会利用班会课、课余时间，创设具体的沟通场景，指导我的学生如何好好说话，正确沟通。因此，我的学生也被我训练得很会说话，班级人际关系和谐、团结，凝聚力很强，没有霸凌现象，班风优良，学风浓厚。全班学生的处境、心境、语境都处在一个安全的阈值里。

正因为如此，我才喜欢做班主任，才能坚守班主任工作30多年。